為什麼學佛？

達賴尊者中文翻譯
蔣揚仁欽——著

蔣揚仁欽帶你認識佛法的
十七堂智慧課

【編輯人語】聰明學佛，而不迷信

因為家中長輩信仰的緣故，習慣見寺拜佛。燒香拜拜時聽見老人家喃喃祝禱：「求菩薩賜你聰明智慧、賜全家平安健康。」那純樸而虔誠的祈願，我以為是佛教的全部。長大之後因緣際會，更深入接觸，感覺非常複雜，經文中充滿各種複雜深奧的名詞，無法用簡單的言語說明，令人一頭霧水難以理解。

身邊不缺虔信宗教的親友，有人深信某座宮廟「靈驗」或某位師父「有異能」，即使對於親友們的信仰方式不解（為什麼總說信某個師父能得救，離開他會遭災？如果真能夠消災解厄，這個世界為何還有災難？），也只是想一想，不曾問出口。但編輯本書時，心底多年的疑惑都得到了答案。

蔣揚乍看很不像是學佛之人，他上網、用智慧型手機，就像是你我身邊同年齡的朋友，言行平易近人，說話信實誠懇，這種態度也表現在寫書上。他從不站在「我修行，我比你強」的立場，灌輸佛法知識，而是理性溫和的陳述佛法到底是什麼，說明淺顯易懂，有時還消遣自己即使學佛多年，也會控制不住發脾氣……即使我對佛學一知半解，也能透過閱讀理解。

蔣揚曾告訴我，寫書的初發心，並非想要扭轉讀者的宗教信仰，而是懷著分享的心態，想告訴大家「誰都可以學習佛法」、「即使不信，接觸理解也很好」、「沒有那麼難」、「改變心態，你就更靠近佛陀了」。而他對於佛教徒也懇切諫言，期望大家能夠仔細想想，自己到底是在信仰，還是盲目的迷信。

因為資訊爆炸，訊息眾多，想清楚理解什麼反而變得困難了，尤其宗教信仰牽涉到人心最軟弱、最渴望之處，人們經常是帶著情緒和成見在信仰。但願本書能夠協助在信仰中困惑的人們，稍稍思考或反思，則善莫大焉。

【推薦序】走在學佛的道路上

何飛鵬

十七年前，我在蔣揚第一本作品《自己的路，勇敢的走》中，寫下〈走在勇敢的路上〉，描述當年初見蔣揚時的心情。那時他二十出頭，是個笑聲爽朗、態度溫和但意志堅定的青年喇嘛。他十二歲時決定前往印度出家，踏進了佛法無邊的世界，走上一條與常人不同的道路。許多人對於他的選擇大感驚訝，甚至有些困惑、不認同。當年我不敢說他的這條路是否正確，只能給予深切祝福。

十七年後再次見到蔣揚，他已經年屆四十，是個黑髮中帶白絲的中年人了。辯經學院畢業後，他隨著達賴尊者走遍世界，弘揚佛法；還去了哈佛，在西方精英教育的體制裡取得了博士學位。他仍然笑聲爽朗、態度溫和，但從言談中清楚可見其生命變化，唯一不變的是，無論他走得多遠，仍然走在佛法的世界裡。

《為什麼學佛？》是蔣揚的第二本著作，也是一本正面闡述佛法思想的作品。從哈佛同學提出的疑惑「讀了這麼多的書，為何你還學佛」談起，娓娓講述他所理解的佛法，究竟是怎麼樣的存在，也提出了他認為的學佛四個理由：離苦得樂、因果不爽、前後今生與緣起性空。

從佛陀的角度來看，或許世間蒼生盡皆迷惘。人們苦樂不分，把金錢和享樂的追求視為畢生追求，卻忽略了真正的痛苦總是因貪欲而生；沒有因果相隨的觀念，以為只有今生，於是任性揮霍，造業無數，帶往來世；又因為不懂得如何消滅煩惱，時時刻刻皆為煩惱所困，無限沉淪。蔣揚一再表示，他盡己所能撰寫本書，目的是想提醒大眾，無論是否信佛、有沒有宗教信仰，都可藉此檢視自身；對於學佛同道，他懇切諫言，務必心懷警醒，莫忘初心，行路艱難，切勿走偏。

在我看來，《為什麼學佛？》乃是蔣揚的一個轉折和回顧，回看往昔，也眺望未來。如果說少年蔣揚選擇學佛之路，是一個人生的問號，那麼十七年後在這本書裡，對於當年的問題，他用實際行動做出了真誠懇切的回答。

再次祝福蔣揚。

（本文作者為城邦媒體集團首席執行長）

【推薦序】

從此步上正確的學佛之路

釋慈智

有一種人心慕佛法，但不知道從何入門，也不知道該用怎樣的心態踏出學佛的第一步。他在佛門之外張望徘徊，而且因為缺乏正確的觀念與基礎知識，容易誤信人言，不得其門而入，甚至根植了錯誤的觀念，反而折損學佛之心。

也有許多學佛者曾告訴我，學佛很難、很不容易。因為佛法浩瀚，踏進其中彷彿陷入無邊大霧，難辨東西。久而久之，竟忘了當初為何學佛及初發心，見別人拜佛我也跟著拜佛、別人誦經我也跟著誦經、別人打禪我也跟著打禪……看似做了很深的功夫，但仔細想想什麼也沒有學到，甚至不知道自己在學什麼。

但學佛之心，真是這樣嗎？學佛之法，真是如此嗎？

蔣揚十二歲離開台灣，前往印度，先於辯經學院中接受古印度那爛陀寺的教法，隨後又前往哈佛大學就讀，在教授的嚴格指導下，鍛鍊出西方學術思考的研究態度。累積東、西方的知識與研究法則，經過整理，融入個人的理解，整合成十七品內容，講述學佛的原因。

離苦得樂，是學佛的起步；人一旦有尋求快樂的念頭，就踏上學佛之道。然而世間擾攘，人們生活其中，苦樂顛倒，因為不明白何者為苦、何者為樂，所以無法把持內心，經常被偏執所控制。然而人在偏執或自私之下的起心動念、所作所為，都會成為業，從前世到今生、從今生往來世，受業牽連，淪入六道，在不可控制的生死輪轉間，無有出期。想要從煩惱、痛苦及業中脫出，唯有修習空性，才能夠降低煩惱，消滅到不會現起的程度。而學習空性，正是學佛者從凡夫地到佛地的修行地圖。由此可知，學佛是為了「離苦得樂」、「因果不爽」、「前後今生」與「緣起性空」，這十六個字，完全囊括了人為什麼學佛的因由，也是《為什麼學佛？》全書想要說明的根本內容。

（本文作者為法相山辯經寺總住持）

【作者序】

學佛之路，感恩前行

已經四十歲的我，回看已過的人生，不禁反思：在過去的三十九個年頭裡，我到底遇到了哪些貴人？學到了什麼？又做了什麼？

想到最後，只有兩個字能夠形容我此時澎湃的心情，即是「感恩」二字。

感恩父母從小對我跟兄長的教育，因為他們的培養，讓我從幼年起便深信人品的成功比學業的成功更為珍貴。一個聰明的人如果沒有好的人品，只能是一個害人的惡魔；即使沒有學問，但具有優質人品的人，其心無愧於世，活得坦坦蕩蕩，身邊不缺知心親友的坦誠相待，及至臨終之前都能心懷感恩。當然，如菩薩們的悲智二者須得雙運般，學問與人品兩者兼得自然最好，但若定要二中選一，比起人品不端的聰明，我更傾向不聰明的端正人品。

十二歲赴印度留學，陰錯陽差成為尊者的中文翻譯

在台灣出生、成長的我，非常慶幸，在一九八九年七月二十日，滿十二歲生日的那一天，和台灣第一位格西——朗望扎熙——在父親的陪伴下，前往尼泊爾的薩迦塔立寺。也感恩該寺的住持塔立仁波切，因為他的賜名，從此人們叫我蔣揚仁欽。

隔月，在福智創辦人日常老法師的引薦下，我再赴北印度達蘭薩拉辯經學院（Institute of Buddhist Dialectics），拜見了前任洛桑嘉措校長，並留校十多年。其間我有幸學習了五部大論，且至寧瑪、薩迦、噶舉等各教派寺院參學，並以甲級的成績圓滿取得了「無分別大教授師」的藏傳佛教學位。

雖然洛桑校長、壇確校長都已逝世，但做為學生的我感恩所學，必盡自己所能，努力將他們的善賢身教傳承下去。

而機緣使然，我得到難得的機會，參與大型法會的翻譯。一九九六年七月三十日，林伯伯——林耿如老居士——邀請第十四世達賴尊者前往洛杉磯，向三千位華人信眾傳授佛法教義，這也是尊者此世初次對華人傳法的大型法會。

那時，尊者欽點了藏族的洛桑阿旺、朗望扎熙以及我三人陪同前去翻譯。

在來自辯經學院的同班同學中，洛桑阿旺的表現是最為出色的，所以兩個月後，他又受命參加澳大利亞翻譯時輪金剛大法會。

但遺憾的是，一九九七年二月四日的傍晚時分，我的這位同學、這位傑出的翻譯，與洛桑校長及我的另一位同班同學阿旺洛卓三人，卻因凶天的激進派信徒攻擊而遇難了！此後我便接下了好友的翻譯工作，半工半讀的跟隨著尊者至世界各處翻譯，這份隨從的工作，一直進行到二〇〇八年我被正式錄取為哈佛文理學院梵印學系（Harvard GSAS, Sanskrit and Indian Studies Department）的博士生為止。❶

在寫作與譯作上的努力

關於早年的求學經歷、印度生活、翻譯點滴和各種酸甜苦辣的經驗，我都

❶ 讀博期間雖然也會短時間協助翻譯，但不能像之前一樣隨著尊者全世界到處跑。

寫在了二〇〇二年二月出版的《自己的路，勇敢的走》（商周出版）。現在回憶起這本書，我想要合掌感謝何飛鵬社長。還記得當年大家都為這本書的書名傷透腦筋，一天晚上，何社長忽然在夢裡想出了書名，適時補上此書的最後一塊拼圖。

後來因為發現越來越多華人信徒學習《菩提道次第廣論》，但苦於缺乏參考教材，於是尊者在二〇〇七年四月舊金山的三天法會期間，囑咐我負責翻譯尊者於一九八七年時所傳授的十八天《廣論》教授。為了趕在二〇〇八年九月哈佛入學前完成這份工作，並減少外在環境的噪音干擾，我每天貪黑利用半夜進行翻譯，一連努力了好幾個月，終於拚命完成了口譯錄音內容。

而這份錄音檔被台灣、大陸、美國三個區域的義工們分別整理出文字稿，製作成三種不同的流通版本。在此，我要誠心感謝以賴郁文為首的文字義工們，你們為了統一版本內容，於二〇一〇年主動聯繫了正在準備博士大考的我，也促成了二〇一二年出版《覺燈日光》（商周出版）的因緣，幫助了許多正在學習《廣論》或初入佛門的學習者。

哈佛的「震撼教育」與尊者的「慈悲壓力」

算起來，哈佛梵印學系自成立以來，在我畢業前，只有兩位學長能於七年內完成學業，合格畢業。這是因為哈佛人的完美主義，導致撰寫博士論文的時間總是不停的拖長、延後。

讀博時，我的主要指導教授兼系主任不允許我請假超過七天，因此不能赴印及其他地區為尊者翻譯。但每次尊者來到美國，總會找我去協助翻譯，而且一定會問一個令我坐立難安尷尬不已的問題——蔣揚，你什麼時候才能畢業？

在尊者「慈悲的壓力」下，與典型哈佛人追求完美不同，我把專注力全部集中在主題的研究上，以避免花費太多的時間在次要議題中，最終在六年內完成了博士論文。論文名暫譯為〈一場中世紀的西藏辯論：藏傳佛教辯論的歷史、語言，及其作用〉（A Record of a Tibetan Medieval Debate: History, Language, and Efficacy of Tibetan Buddhist Debate）。頂禮尊者的「監督」，才能讓我成為創系以來，至今唯一在六年內順利畢業的博士生。

而在哈佛讀博的這六年期間，有太多必須深深感謝的對象。首先，我必須感謝主要指導老師范德康（Leonard van der Kuijp）教授。

范教授的要求之嚴格，至今仍令我記憶猶新。例如，為了要核實我博士論文內容中，一位重要人物——孃系諸喜勝（Nya dbon Kun dga' dpal）的學徒，其法名為「南者悲勝」（Lho pa Thugs rje dpal）——是誰，教授不僅要求我翻閱目前現有的三本覺囊❷史料，連其師孃系的藏、英文自傳都得全部閱讀，不可放過。又為了避免遺漏任何蛛絲馬跡，就連其師孃系的五本哲學著作，也一定要讀。

通常范教授會先問我，現今可取得的覺囊史料、孃系大師的藏、英自傳及哲學著作總共有多少本？並提醒我去細查。

等我看完所有資料，做好準備，便趁每週一小時的例行會面中向教授報告相關的重點內容。原以為教授聽完就算了，沒想到他卻突然問：「那你有沒有看這本書後跋文裡的迴向？在那段文字中提到了國王的名稱。你有確認過國王是誰嗎？」

我被這麼一問，心裡直犯嘀咕，心想：「什麼，後跋文的迴向？誰會這麼仔細看迴向文內容啊！」

因為報告沒有過關，教授派我去懷德納圖書館（Widener Library）尋找一本由法國學者撰寫記錄的元朝皇室家族名稱書籍，共有上下兩冊，要求我從中對照尋找。重點是，教授只是口頭吩咐，並沒有告訴我書名和作者名為何，而為了達成要求，我只能在圖書館裡硬著頭皮一本一本翻找，直到找到為止。

好不容易找到了相關的文獻，但我發現孃袞大師的生平時間頗具爭議，於是又去查看宗喀巴大師的不同自傳，以確認宗喀巴大師初次拜見孃袞大師的時間為何，進而推論孃袞大師建寺的時間。為了能夠找到更多相關的建寺證據，我還參考了第二十一任薩迦寺主所著的《文殊寶賢的自傳》——文殊寶賢曾是第十四任覺囊寺主——皇天不負苦心人，終於在這本自傳中，找到了南者悲勝曾經做過文殊寶賢老師的證據。

這繁複的尋找、確認，起初曾讓我抱怨不已，但後來我漸漸明白，就因為

❷藏傳佛教的一個分支，主張以「他空見」解釋時輪。

范教授如此嚴謹的要求，所以才能造就出學生們的高品質研究方法及態度。隨時保持客觀嚴謹的態度，不放過細節的細心確認，對學習者和研究者而言，是受用不盡、緊隨一生、不可能被盜竊的最佳財富。

而從一開始的被動，吩咐一步走一步的態度，發展到後來，我感覺自己逐漸蛻變了，開始主動蒐集資料、注意細節。而目睹我的改變和一路走來的艱辛研究，范教授對我的態度也從嚴格逐漸轉為寬鬆。想來，這必是范教授的教學善巧吧！

感謝親友與家人的幫助

以佛法的術語來說，如果范教授算是深見派的研究圭臬，那我接下來要談到的對象就是廣大派的研究代表——哈佛神學院教授兼美國著名藏學家杰尼特嘉措（Janet Gyatso）。

杰尼特教授曾經告訴我，很多已成家的博士生因為忙於讀書及寫作業，幾乎沒有時間跟家人互動、溝通，更不用說分心照顧家人，最後甚至必須無奈的用家庭破滅的悲劇換取畢業的結果。所以我接下來想要表示感激的對象，是內人丹增央金（尊者給予的西藏名）。因為她默默的細心照顧、不離不棄、無怨無悔，才能讓我在讀博期間全心全意投入學習之中。而且，只懂得語言翻譯卻沒有任何網路技術，連字幕都不懂如何製作的我，之所以能夠流通各種短片法寶，最大的幕後功臣也是央金！

另外還要感謝我的甜心小女兒拉薩犬——黃拉姆，因為她的撒嬌黏人、乖巧恬靜，大幅降低了我原本飆高至一九〇的血壓。

此外，還有我的同學 Andy、Ian、Elizabeth，以及學弟妹 Rory、Alison 等人，因為有他們的參與，所以我才能漂亮的完成許多研習會的項目。

當然，我絕對不會忘記長久以來，尤其是在讀博期間，一直資助我但從不求回報的素香阿姨。同時也感謝哈佛文理學院慷慨在我求學期間，提供全額獎學金，讓我能夠安心完成學業。

感激前世的福報，讓我們一家三口在畢業後能夠毋須煩憂的搬遷到北印度達蘭薩拉，全力投身佛教事業、盡己所能服侍根本上師——第十四世達賴喇嘛尊者。我們搬回印度的同時，立即收到了《佛法科學總集》的翻譯任務。在百瑜、圓笙、芝安、福智月光國際譯經院、青增格西、朗望格西等眾人的齊心協力下，才終於能在二〇一七年七月六日尊者壽誕這天，如期對外介紹新書出版。

推廣佛法造福更多人

談談這本書吧！

我一直深信，一個人心中若無絲毫感恩，絕不能被定義為一個「幸福的人」。同樣的，寬恕絕非是懦弱的體現，忍辱也不是無條件的屈就。當我們碰上旁人的惡行時該怎麼辦呢？古印度那爛陀的佛學體系中，教導了我們該如何隔離此人與此人惡行的差異，應念：「此人同我，都被自心煩惱給緊緊操控著，懂得佛理的我尚且如此，更何況是未知煩惱過咎的他啊！」對於對方心存悲憫的同時，為了避免讓對方繼續犯錯，再造惡業，我們應該用理智與悲憫的態度，尋求法律的途徑解決問題、得到保障。這樣一來，既能對人心存寬恕及忍辱，又能遠離對方的惡行，不懦弱，也不屈就。

任何一個文明進步的國家都努力保護、重視傳統文化。試想，如果有一種文化思想不僅加強現代人仰慕古人的偉大胸襟，從而提升自己的正面思維，有系統的說服我等應以理智解除心中瞋恨等負面情緒，以愛與體諒化解世間所有的人為災難……這種非物質、精神文化的復興，難道不值得我們去努力學習、保護嗎？正因為我覺得佛法的優點在於此，渴望保護、推廣，讓更多人理解並學習它，因此在商周出版的好友呼籲下，撰寫出版這本《為什麼學佛？》。

學佛的十六字原因

「我為什麼學佛？」

「你為什麼要學佛？」

「他為什麼會學佛？」

但凡具有上述好奇心的人，都可閱讀、參考這本《為什麼學佛？》的內容。這本書的大綱只有十六字：「離苦得樂」、「因果不爽」、「前後今生」，以及最後的四個字——「緣起性空」。

苦與樂的感受與追求，是本書的重要內容，也是我們學佛的很大動力之一。

佛家對離苦得樂的解釋是：比對身與心的感受後，確認哪個的力量更強大。

例如，身體處於舒適的狀態，但內心充滿憂慮的人，絕對不能被定義為幸福的人。相反的，所處的條件雖說貧陋，但內心充滿感恩的人，便可以被定義為幸福的人。但大家既然都知道這個真理，為什麼卻總把更多的時間花費在感官享受的追求上呢？

假設內心的安樂佔人生全部安樂的七五%，而感官的安樂只佔人生全部安樂的二五%，但人們每天除了睡覺之外，把所有剩餘的時間都用於追求感官的安樂，又以忙碌做為藉口，連一天撥出一〇%的時間提升心靈品質都不願意，因果不爽，請問如此一來，人又怎能感受到安樂呢？

而且人的感官安樂相當被動，只能感受，無法被訓練轉成不依賴其境的主動性質；可是相反的，內心的安樂感是很主動的，可以透過訓練的過程，成為堅穩的幸福力量。那麼渴望幸福人生的您，是願意花更多時間去追求被動的安樂？還是主動得到安樂呢？

若想要更詳細了解佛家的離苦得樂，就不能不理解下一句「因果不爽」的內容。

再者，如果人只有今生，沒有前世也沒有來世，那麼想要讓今生過得好，只要保持善良、感恩的心即可，並不需要學佛。但是我們的生命只是今生，沒有前世與來世嗎？為此，前後今生的話題值得我們去探討。

或許有人會問，前後今生的無止盡輪轉，是否可以斷除？想要斷除，必須透過「緣起性空」做最終的解脫。

積極學佛常保內心安樂

在我看來，學佛的主要目的不是求神通、求感應，而是為能主動操控自己的心靈幸福。雖然佛教徒都說要發心，但這顆心要怎麼發，相關說明的資料卻是寥寥無幾。如同尊者常說：「沒有任何一間超市販售內心的安樂。」確實，這世間也沒有哪家醫院能把內在的幸福注射入體內。傳統的學校教育雖然教會我們倫理道德、技能知識，但學校採用的教學方式經常是命令式的，像是提倡尊敬兄長、愛護弟妹，卻很少細緻說明為什麼要尊敬，又為什麼要愛護，所以人們透過教育，雖然學到了一身的知識，可以運用於工作或生活中，但心靈卻充滿了茫然不解和困惑。如果此生沒有遭遇什麼大的疑難困挫，茫茫然也就過去了，但一旦碰上了無法解決的難題、不能消滅的痛苦，就會手足無措。

就我所知，人們學佛的起因有很多種，大多都是遇到難題、過不去的關卡才來信佛，希望從燒香祈福中得到庇佑，但這麼做並不能真正解決問題。真正的佛法不是燒香祈福，而是更注重內心力量的培養。所以，即使現在正在閱讀此書的您生活中沒有不順心的地方，也請多多關注內心，學習減輕內在負面情緒的方法，未雨綢繆，預先做準備。

人雖然肚子餓了就必須找飯吃，但負面情緒產生的時候，一定要順著貪瞋而發洩嗎？如果順著貪瞋發洩負面情緒，是人處理情緒和困難的唯一方式，那就代表潛藏在內心的「炸彈」有可能隨時爆發。在這種情況下，更需要學習練習「愛他心」。

沒有師父引導，靠閱讀學習、修持

撰寫這本書時，我以最大的努力，試著以邏輯的方式分析學佛的理由，並詳細談及如何系統性的學習愛他心，即是發菩提心的前提主因。無論讀者是否具有宗教信仰，或者即使不是佛教信仰，但這部分的內容很實用，很值得參考，因為不管是怎樣的人，都渴望離苦得樂。

長久以來，我發現很多初入佛門者都有一個嚴重的通病——急著找一位師父引導。這種心態所帶來的學佛成功率大約五〇％，而且容易養出「壞師父」。弟子遇到好師父沒事，但遇到表裡不一的壞師父，就容易失財失身，得不償失。所以我常常勸說初入門者，「我知道很多人可能沒有時間好好觀察，或者懶得觀察，只想要快點入門，趕緊修行。如果真的無法觀察對方，確認師父的真假好壞，最好先不要依止，而是將說法者視為『學長』。此時，從教理上，先以大教典為師；而在修行上，先以愛他心為師。」如此學習，縱然暫時沒有師父可依止，但還是可將此書中的內容運用在生活上，尤其是增進愛他心的修持，進而獲得心靈的幸福感，這才是真正的加持。

佛家並沒有「世間造物主」的觀念，所以光靠祈禱是沒有用的，無法解決任何問題。學佛必須實事求是，我們要以務實、正確的方法，每日堅持修心的努力。如是年復一年，十年復十年，您將會感受到真實的幸福，這才是應有的正確學佛態度。

最後，如同〈三寶偈〉的迴向文，願造此書的一切功德皆非被己所有，將其功德迴向給一切有情，尤其是，誰因此書心生善念歡喜，皆能與彼等人結上善業法緣，無論將來誰先成就無上菩提，由此殊勝法緣，令對方速得無上菩提。

蔣揚仁欽

於北印度達蘭薩拉二〇一七年十二月二十二日

目錄

編輯人語　聰明學佛，而不迷信……3
專文推薦　走在學佛的道路上　何飛鵬……5
專文推薦　從此步上正確的學佛之路　釋慈智……9
作者序　學佛之路，感恩前行……11

學佛的第一個理由——離苦得樂，
遠離痛苦，追求真正的快樂

第一品　佛陀期望的信眾是懂得思考的智者……32
第二品　放下煩惱沒有那麼難……41
第三品　你以為的快樂，真的是快樂嗎？……60

第四品　學會轉念，就得到了幸福……73
第五品　幸福是可以培養出來的……88
第六品　沒有比學會正確去愛更重要的事……101
第七品　決定痛苦的，不在於苦難大小，而是人心……119

學佛的第二個理由——因果不爽，起心動念都是業

第八品　因果關係不僅是耕耘與收穫……138
第九品　他殺了十三位菩薩……148
第十品　累積善行，而成幸福……160
第十一品　為什麼好人不一定得好報？……172
第十二品　令人迷惑的因果疑難……184

學佛的第三個理由——前後今生，停止累世造業、不由自主的生死輪轉

第十三品　靈魂與心識究竟存不存在？……196
第十四品　唯有學佛能夠終止不由自主的生死輪轉……210
第十五品　正信學佛，不走外道……221

學佛的第四個理由——緣起性空，用智慧之眼，看透世間無所不變

第十六品　世間煩惱皆出於「我」？……238
第十七品　從凡夫地到佛地的修行地圖……256
結語……271

附錄

三寶偈……274

學佛的第一個理由——離苦得樂，遠離痛苦，追求真正的快樂

第一品　佛陀期望的信眾是懂得思考的智者

在哈佛念書的時候，同學曾問我關於信仰的問題，他的口氣委婉卻有弦外之音，「身為高級知識份子，我們應該更相信人定勝天，怎麼會選擇相信佛法呢？」

這個問題隱含的更深沉意義是，他心裡認定，信仰不過是一種迷信。聽完他的話，我其實也很想反問對方：「如果認定宗教就是迷信，那麼相信科學驗證才是王道的人，不也是迷信嗎？」

小心「科學的迷信」

顧名思義，迷信就是「迷茫的相信」。它不單單只表現在信仰上，更是一種慣性的態度。也就是說，人們只要對於事物毫不考證的全盤接受，就是迷信。

迷信存在於很多事物中，當然也存在於科學之中。現代人經常會落入科學迷信裡，任何事物只要加上「經科學證實」的說詞，幾乎所有人就毫不猶豫的全然接受。

以前世今生這個議題為例，很多人聽到這四個字，最直接的反應就是：「這種說法一點也不科學呀！」他們覺得，相信人有前後世的存在是一種迷信的表現，因為依據科學實驗或數據，並沒有辦法確切提出證據，證明人確實有前後世的存在。

但如果因為科學家沒有數據證明，就認定某些事物不存在，這便犯了邏輯上「看到沒有」和「沒有看到」的錯誤。所謂的「看到沒有」，是指透過許多種方式證明出「某物不存在」的結論，但「沒有看到」則是沒有透過研究或驗證「某物的存在與否」，這兩者邏輯不同，不能混為一談。

以近幾年最熱門的全球暖化議題為例，雖然ＩＰＰＣ聯合國政府氣候變遷專門委員會有許多現實的舉例，指出全球暖化確實存在，但二〇〇七年ＢＢＣ製作的「全球暖化大騙局」節目中採訪的許多科學家們卻也指出，在科學上，並沒有直接證據可以指出二氧化碳是導致全球變暖的原因。節目中還指稱，這項議題其實是一場政治活動……所以，無論是哪一方的說法，如果我們在沒有考證和進一步研究的前提下，就完全相信其中一方，這也是一種迷信。

科學證實並不需要所有研究相關課題的科學家們一致同意，才能被視為通過科學證實。事實上，針對同一個議題，同意與反對的意見並存是很常見的。

記得許多年前，大約是我這一輩出生的時候，當時醫界和科學界都提倡人們應該多飲用沖泡奶粉，相關研究和宣傳也都幾乎一面倒的認為，飲用牛奶好處很多，還提出各種專家的說法，指出牛奶的營養完整豐富、好吸收，對人體，尤其是對孩童成長的營養需求有非常多好處。因為社會環境宣導的結果，導致嬰兒時期的我只喝過奶粉，未曾喝過母奶。

然而許多年後的今天，說法丕變，專家們反而鼓勵父母盡量給新生子女餵食母奶，更指出牛奶中的營養並非完全有利於人體的吸收，如果飲用過度，甚至可能影響健康。

如果科學證明是牢不可破的事實，那麼為何之前鋪天蓋地鼓勵孩童、孕婦、老人喝牛奶的說法，到了今天卻有如此大的翻轉？

再反過來思考，如果科學證實了某一論點是牢不可破的真相，那麼科學和文明是不是就沒有再進步的空間了？因為一項論述的發表一旦成了定論，完全忽略了研究技術與知識會與時俱進，人類恐將無法再有進步。如果我們在接受科學論述時，不經求證、不加思考、不對許多數據和說法抱持懷疑、不對未來可能產生變化而保留彈性，很容易就成為迷信科學的傻瓜。

科學文明的時代，更要求客觀求證與思考

除了存在科學中的迷信外，現代人對於新聞報導也有著相當的迷思。人們經常全盤接受媒體的消息，實在令人憂心。拜網路發達之賜，許多沒有確實考證的訊息靠著轉發式的傳播，以訛傳訛，如此一來，有心人士如果要利用新聞傳播來操控群眾，或進行商業推廣行為，是輕而易舉的事。

新聞議題的發生，除了確有其事的真實事件外，另外還有一種是結合商業、政治等許多複雜因素而產生的複雜產物，例如前面提到的全球暖化和牛奶營養都是非常好的例子。

在智慧型手機和網路發達的今天，如果你我沒有以正確的態度處理所接收到的媒體資訊，那我們都可能會成為謠言散播者。而一個社會如果存在太多的盲信者，將不會進步，也容易在重大事件發生時，造成社會傷害或損失。因此，迷信對於我們的影響真的不容小覷。

迷信現象的產生，不外乎是道聽途說，而本身又不願意進一步求證，對於接收到的訊息毫不猶豫的全盤接受，或者就算願意進一步求證，卻只仰賴單一資訊來源。抱持根深柢固、先入為主的觀念，不思求變，認定初次聽到的說法不會有誤，完全相信。

除了科學和媒體之外，人類社會的環境中，最容易產生迷信的，莫過於宗教。

講一個最近發生的例子。二〇一五年五月，有一群信徒來到上密院參加尊者的灌頂。其中一位來自中國的弟子跪在尊者面前請問尊者：「您不認得我嗎？我們半年前曾經見過面。」尊者聽得一頭霧水，對方接著又說：「半年前我向您祈求，您的法身曾來到天津為我說法加持。」事實上，這只是此人的想像而已，尊者多年沒有去過中國，更遑論替此人說法加持了。

關於此事，尊者清楚表示：「雖有神通的個案，但通常我不輕易相信。」

由此可知，如果人盲目的迷信，再加上過度倚賴感官的接觸——例如說，只相信眼見為憑，是認為眼睛所看見的才是真實，沒有看到就是不存在——長久下來，很容易讓自己變成一個盲信的人。

這也是我之所以一再提醒大家，即使你在判斷事物上沒有犯過上述的錯誤，但保持客觀求證的心態，還是非常重要的。

佛陀期望我們是智慧人

在討論完迷信的態度之後，我想再來談談「科學家」和「佛法論述」的不同之處。

科學家因為經過實驗得出數據結果，因此往往在做結論時都比較決斷，深信數據可以證明一切。然而這樣做，很容易產生先前我們所提到的「牛奶較營養」、「牛奶比母奶更好」的各種偏差說法。較聰明的科學家發表實驗研究結果時，會選擇比較具彈性的說法，例如下結論前會同時聲明：實驗的結果是在現有條件下所取得的結論。

因為說法客觀、不武斷，保留了未來新技術可能產生不同結果的空間。真正的科學家會盡力說服人們接受他們所研究的結果，而非固執堅持、武斷判定是非。

相較於部分科學家或媒體武斷執著的表現，佛陀在經文中，是如何提醒人們的呢？

在《解深密經．卷二》中，佛陀回答勝義生菩薩時曾說，我之前說的「一切諸法皆無自性、無生無滅、本來寂靜、自性涅槃、無自性性」的了義言教，其實是不了義。

佛陀把自己所說的經典，分為「了義」和「不了義」兩種，這是為了因材施教，適用各種不同根器的眾生。就好比為了不同消費者的需求，商人會陳列出不同的商品，讓任何人都能在其中找到適合自己的那一款。即便是佛親口所說，不一定就是佛陀心中所認定的「究竟意趣」，如佛教內部的不同觀點，否則佛教內部的立場必須一致，無有別異。因此佛陀在《大涅槃經》中提到「四不依」中的「依法不依人」，意思是要弟子們必須有客觀的觀察和判斷，再接受祂所說的話。

佛陀的教法教育我們，要成為一個有思考判斷能力的智慧之人，而不是隨波逐流的盲從者，這樣的教法不但令人讚嘆，也常讓我感到法喜充滿。

由此可見，佛法的論述是相當客觀的。

然而雖說佛法論述相對客觀，但如果不研讀整體大教典，只針對單一經典研讀，仍很容易會落入《佛說施燈功德經》中所說的「不信我語誹謗於我，彼於長夜無義無利，墜墮入苦惱」的恐嚇法當中。學佛，應以了知真相的歡喜心，卻非「不聽師言，必墮地獄」的恐嚇心。

善用科技，成為實事求是的智者

總之，要想讓自己不成為一個人云亦云的盲信者，求證和轉述的方式相當重要。

當一個新聞議題或實驗結果發表後，我們要有查證後再選擇相信與否的態度。這也讓我想到很多阿羅漢在結集中常說「如是我聞」這句話。這句話的意思，簡單來說，就是「這是我從佛陀那裡聽到的話」。佛教徒不應該因為「如是我聞」這句話的出現，立即下跪頂禮；讀者也不應該因為「科學證實」這句話的引用，就信服接受。

和今日人云亦云的盲信者相比，幾千年前的人是如此實事求是，用字遣詞謹慎小心。而科學發達的今日，我們其實有許多管道可以求證所聽得的訊息，卻只有少數人願意在接收到訊息的第一時間先思考、判斷和求證，大多數的人在取得訊息後便立刻轉發，這也讓現今社會不願思考的盲從者越來越多。盲信者越多，社會上潛伏的危險成分也相對提高。

面對今日的社會，做為一個有智慧、懂得思辨、思考，不輕易盲信的學佛者，我們應該善用資訊的發達科技，讓自己成為實事求是的智者才是。

第二品　放下煩惱沒有那麼難

前一品中提到，學佛的時候，為了能夠更透澈的了解真相，而不是單單只了解表面，必須運用人類的智慧去看透真相、了解真相和解釋真相，反覆的觀察再觀察，確認全部都符合了上述的條件，才進而產生信心。

這正是佛教與其他宗教非常不同的地方。而那爛陀寺的傳承更特別強調：信心，是要透過反覆的觀察而產生。

有了好的心態，接下來這一品要談的主題是：為什麼要學佛？

我們學佛的理由，是為了「離苦得樂」、「因果不爽」、「前後今生」❶以及「緣起性空」。當中又以「離苦得樂」最為重要，也是這一品中特別強調的內容。

❶ 一般人常用「前世今生」，但隨業惑之力從前世到今生，從今生到後世的輪轉，並非只是單純的前世與今生而已，故本書用「前後今生」。

學校裡沒有教的事——對治煩惱

學佛，主要因為人們想要離苦得樂。現行的教育體制比較現實，主要教導學生該如何提高個人在社會上的競爭力，內容大多是針對外在物質認知的基本知識，還有歷史、科學和數據上的學習，而華人教育更強調儒家思想與倫理道德，但教學過程中很少認真探討關於煩惱的議題。老師不會教導學生，煩惱到底是從何而生、該如何定義，也不教導要如何去除內心的煩惱，更沒人告訴學生，煩惱會帶來什麼過患、如何對治煩惱。

在這種教育下成長的我們，通常不了解煩惱對生活帶來的影響，也不懂得如何解讀煩惱。但煩惱卻時時影響我們，與生活息息相關。煩惱的存在，不但影響每個人的這一世，甚至會影響到來世。

正因為煩惱影響生活甚鉅，所以我們必須解決這個問題，首先要把煩惱對自我的影響降到最低。

佛教有系統的教導該如何對治煩惱，特別是那爛陀寺的論述與教導。若能深入其中，我們才能夠學習如何去除內心的煩惱。

或許有人會疑惑：「如果人生中沒有煩惱，就像看黑白電視一樣單調乏味，豈不無趣？正因為人有許多不同的變化，例如愛心、貪心、瞋心、傲慢或藐視、攀比、屈就、隨便的存在，生活才豐富。如果煩惱能使生活變得有趣，為什麼要去除它呢？」

對於這個問題，我的想法是：生命很豐富，但不是煩惱讓生活有趣，而是愛讓生活充滿色彩。因此在生活中，我們不要煩惱，卻要愛。

那麼到底該如何去除煩惱呢？以下是一些去除煩惱的方式。

一、**不要貪，卻要愛**

煩惱多起源於貪心、傲慢、藐視、攀比、屈就、隨便。

貪心和愛心，乍看之下很相似，但本質卻不同。貪心之中，「佔有」的成分居多；但是在愛之中，更多的是「包容」。即使去除了煩惱，人生也不會像黑白電視一樣單調無趣，因為心中有愛，所以人生因為愛而豐富多彩。

二、**要自信，不要傲慢**

傲慢與自信二者，表面上看起來都像是將自己高高捧起，提升到某個高度而產生的心理狀態。然而生活中我們不需要傲慢，因為傲慢會產生輕視之心，容易藐視他人。而藐視他人，則使別人受到傷害。

但我們需要自信。所謂的自信，是認知自我。因為了解自身的能力和經驗，明白自己的長處與短處，進而產生信心，提升自我認同。

人生不需傲慢但要保留自信，我們應該要保留「沒有傲慢的自信」。

三、要競爭，不要攀比

跟他人攀比和與自己競爭，都與比較有關，但本質卻是雲泥之別。

和別人比較，容易產生煩惱心和嫉妒，同時會衍生出瞧不起別人的心態，但和自己競爭就沒有這些副作用。如果我們是自我競爭，拿現在的自己和從前的自己比較，檢視今日的我是不是比以前更具有慈心與悲心，就不會因為和別人競爭而產生無窮煩惱，但可以留下自我競爭的善心、合作與推動力。

四、保護自我，不要發瞋心

當人遭遇攻擊的時候，難免會生氣、憤怒，這個時候，我們會覺得瞋心能帶來反擊的力量與對抗敵人的勇氣，保護自己不受傷害。但仔細分辨，你會發現兩者有很大的不同。

瞋心是一種完全只想傷害他人的情緒，卻常被自我保護的外衣所掩飾。瞋心會傷害別人，但自我保護不一定要傷害別人，更強調理智的思考。

很多人誤以為必須透過傷害他人、把別人拉下來，才能夠保護自己，這是大錯特錯的想法。別忘了，無論我們如何千方百計把誰從某個位置上拉扯下來，總會有別人坐上那個位置。

我們不需要瞋心所帶來的煩惱，但需要透過冷靜、理智、愛心與悲心產生的力量來保護自己。

五、學習忍辱，而非屈就

屈就是什麼呢？就是無條件的刻意壓低自我，在他人面前低聲下氣，產生矮人一截的委屈感。而忍辱則是透過對理由和真相的認知，把傷害他人的心降到最低。當人在受到不公平對待時，將瞋心降到最低，消除想要傷害其他人的念頭，保持內心不報復加害者的態度，就是忍辱。

佛家一直強調忍辱的重要性，因為人不應該有傷害他人的心態。平時如果能夠修忍辱，無論遭遇到怎麼樣的困境、任何因素的影響，都不會在心中生起瞋心。

然而忍辱並非單純忍讓、壓抑情緒或單方面忍氣吞聲的承受別人給予的傷害，而是試圖化解負面的情緒。這也必須靠我們平時對於慈心及自他平等的觀想，還有對於瞋心、煩惱過患的認知，進而產生對治力。

如果有人經常傷害別人，通常佛教徒面對這種人的處理方式，是寬容的忍耐，但倘若對方反覆傷害自己，難免令人生氣。這時候，透過忍辱來降低報復心態、化解瞋心，或許能平撫憤怒。

我們需要許多慈心與悲心的觀修，了解他人也和我們一樣。想要離苦得樂，就要利用平等觀的觀修，以及前後今生的因果觀，認知到我們今生所受的遭遇，完全源自於我們前世也曾對別人做出同樣的行為。透過種種觀修的練習，化解內心對他人的仇恨。當我們被強大的慈心與悲心所包圍時，就是化解瞋心的時候。因為對他人產生慈悲，了解到他人正在造惡業，所以我們必須透過法律途徑去制止別人造惡業。

我們不屈就，但可以修忍辱。修忍辱不是因為瞋心，而是出於慈心與愛心。不忍心對方繼續造惡，無法脫離輪迴之苦。

六、隨緣，但不隨便

很多人認為「隨緣」與「隨便」兩者相差不多，其實這兩件事情在本質上有非常大的出入。什麼是隨便呢？隨便是隨著心情，毫不考慮的去做一件事情，帶有任意妄為、漫不經心的成分，和一開始就放棄的態度。

什麼是隨緣？隨緣是當我們盡一切的努力，希望因緣聚合，但結果卻事與願違時，必須用努力但不強求的心態來面對。

因緣無法聚合的原因，有時與前世所造的業有關。所以無論今世我們如何努力，都未必能夠達到想要的結果。在這種情況下，抱著隨緣的心態繼續努力，想著透過努力，也許來生，也許下半輩子，也或許在不久的將來就能夠因緣聚合，讓事情有很好的結果。

擁有隨緣的心態，人的心靈才會寬大，不至於在遭遇挫折時心生怨懟。抱怨會讓一個人長年生活在低氣壓中，不但影響生活，也影響了人際關係。

調伏內心，化解衝突

由此可知，許多心靈萌生的情緒、心態，看似相似，但完全不同。它們差異細微，可是延伸到最後，會造成截然不同的結果。如果我們能夠了解這些細微的差別，就能巧妙保留愛與自信、自我競爭、保護自我、忍辱及隨緣等這些美麗的色彩，而不會被煩惱所困擾。

那麼該怎麼訓練自己，在這些看似相同的情緒中，選擇正確的情緒和心態處世呢？這要靠一再練習才能加以分辨。練習是很重要的，平時沒有練習對治內心的煩惱，難免會做出錯誤且讓自己懊悔的決定。內心煩惱的世界非常複雜，不透過學習，我們很難知道哪一種起心動念才是正確的。而在後續的內容中，我也將詳細談到練習對治的方法，讓大家都能自我練習。

除了內心之外，我們所身處的外在環境，經常也是無法控制的，存在著各種攪擾。正因為外在環境充滿了複雜的連結，不是可以由個人意願所控制，所以當人遭遇到這些外緣的變化時，就控制不住自己的心，常常會隨著煩惱起伏。

但如果我們無法控制自我的情緒，那麼隨之而來的就是動盪與驚嚇。所以，人要學習掌控自己的內心，學著調伏本心，讓心不隨著外在環境而波動。這麼一來，本來會令人憤怒的刺激，逐漸因為懂得調伏內心而轉換成正向的愛與力量。

這樣的轉變是可以靠自我的力量達成的，但要怎麼做呢？以學佛的人來說，當外在發生什麼刺激、傷害的事情時，因為了解瞋心的過患，知道發怒只會反過來傷害他人，無法真正解決問題，於是便會透過愛心、慈悲心和因果論來化解衝突。如此一來，改換被動的憤怒，轉而為掌控住自我。

所以如果懂得如何化解內心的煩惱，人生就會得到外在與內心的雙重驚喜。當每一次遭遇到外在因緣衝擊時，不隨著外面的環境所轉，而是從內心中產生一種與外在衝擊完全相反的作用力——就像先前所提到，原本要讓我們生氣的情況，反而令我們產生愛心——如此便能克服外在的衝突挑戰，同時還得到額外的驚喜，也就是內在的禮物。

靠著對內在世界的認知，我們可以克服煩惱的攪擾。

因此如果真的想要離苦得樂，就必須先明白煩惱的本質是什麼，以及了解煩惱的特徵、作用，和煩惱與其他類似情緒的差異性，進而學習如何去控制煩惱。

理解什麼是真正的快樂

除此之外，想要離苦得樂，還必須知道「什麼是快樂」。

快樂是一種滿足感，而不是短暫刺激所帶來的情緒亢奮。喜悅會帶來滿足，但喜悅的本身如果摻雜亢奮的成分，就不是我們要追求的能夠讓內心平和的真正快樂。

為什麼要避免摻雜亢奮的喜悅呢？因為人如果長時間處於亢奮的狀態，身心緊繃，很難放鬆，無法真正的休息，日積月累，精神上一定會出現狀況。

但一般人尋求快樂的方法，往往是透過外在的刺激，例如購物血拚、吃喝狂歡等活動，獲得短時間的刺激與亢奮，可是得到的快樂為時短暫且難以持久，一旦脫離就會感覺空虛沮喪，想要快點再回到刺激和快樂中。就像是吸毒成癮者，依賴藥物或毒品而無法自拔。然而即使透過藥物或毒品得到亢奮或刺激，也並不是真正的快樂，一旦失去藥物或毒品的效果，人便感覺到嚴重的空虛和痛苦。

所以想要追求快樂，應該讓內心長時間保持在「扎實的滿足感中」，而非「亢奮的滿足感」中，這才是我們所要追求的真正快樂。

那麼，該要怎麼追求真正的快樂呢？這也必須透過練習。佛教的典籍教導我們，內心沒有辦法產生滿足感的原因，在於人的心緒起伏太大。我們常常會因為外在好的刺激而亢奮，但也很容易因為外緣的壞，生出沮喪。亢奮與沮喪兩者不斷交互作用，心情便會因此起伏，很難平穩。如果可以將造成痛苦的原因，亦即煩惱去除，但將造成快樂的原因留下來，令心情長時間保持在平穩扎實的滿足感中。透過對真相的認知，讓內心持續快樂，這才是真正的快樂。所以離苦得樂不是離開外在的苦緣，就能得到快樂，而是把內心的煩惱轉化成可以掌控的情緒。

心理認知操控了苦樂的感覺

苦與樂分為身體與心理兩種層面。一般來說，生理上的問題看醫生就可以解決，但心理的問題卻遠遠大於身體的問題，所以佛法上所談的苦樂，更多是著重在心理層面的苦樂。

例如同樣兩個病人，有修行的病人肉體雖然受到病痛折磨，卻因為內心有修持，而能勝過肉體上的痛苦；相反的，沒有修行的人就會專注在肉體上的病痛，不斷抱怨，生活陷入極度痛苦的境地。

大家都知道流亡藏人吧？因為政治或宗教因素，離開西藏家園的藏人們，來到了印度或海外後，經常陷入無依無靠的窘境。他們的經濟匱乏、生活條件很糟，又離鄉背井，遠離親朋好友，生活在異國異地，飽嘗顛沛流離的苦楚。你可能覺得他們承受這些痛苦折磨，對人缺乏信任、生活痛苦，然而我因為工作的緣故，經常接觸這些人，卻發現他們有著與常人所想全然不同的態度。

我很少從這些人的口中聽到對生活、對世情的埋怨，也不見他們憤世嫉俗。也許是宗教力量的緣故，他們內心知足，即使生活在貧窮中，但心底的快樂卻讓他們彷彿置身在富裕的環境裡。

但反過來說，許多富豪、名人卻經常因為壓力、焦慮而罹患精神疾病。看來，倘若心裡充滿不愉快，牽動情緒，因而感覺到憤怒或傷心，即使生活的環境無可挑剔，也沒有辦法阻止人心中生出苦痛。

由此可見，心理認知的力量非常強大，必要時甚至可以戰勝肉體上的痛苦。我曾經看過一則新聞，一個懷孕七個月的太太因為意外事故，全身六五%灼傷，在緊急搶救時，為了確保腹中孩子的健康，她選擇忍受劇痛，不肯注射麻藥，讓醫生直接開刀，此後漫長的療程中，更一再忍受著各種割肉刮骨的痛苦，只為了能夠生下健康的寶寶。這就是認知的強大力量。

心理認知能力在正面的狀態下，能帶給人克服困難的力量，但在負面的狀態下，卻會產生莫大痛苦。例如，你一定有受到責難的經驗吧？不管對方是父母、老師、職場上的主管或是客戶，挨罵的滋味都不好受。雖然在肉體上，我們的耳朵並沒有被刺傷，但被罵總會對心情造成影響，令人覺得不快、難受，甚至激起憤怒。辱罵與肉體層面無關，卻和心理層面有直接的關聯，因此唯有心理層面能夠快樂，才能稱得上是一個真正快樂的人。

人無法靠外力或金錢得到快樂

心理層次的苦樂，必須透過內心來解決，唯有認知煩惱的真相，才能解除內心的痛苦。也就是說，心理造成的苦樂不能透過外力來處理，唯有我們自身能夠解決。快樂是必須內求，無法向外購買的，即使是什麼都有販售的網路賣場或百貨公司，也買不到快樂。

曾有人跟我抗議，「誰說用錢買不到快樂！我們不是可以透過藥物，解決情緒問題嗎？當情緒過於亢奮的時候，精神科醫生會開穩定情緒的藥物，當沮喪憂鬱的時候，還有抑制的藥品可以使用，這些難道不都是解決內心煩惱的方法嗎？還有喝酒啊！很多人心情不好就花錢買酒喝，酒精可以轉移注意力，帶給人們短暫的快樂！」

這話乍聽很有道理，但仔細想想，藥物、酒精都是治標不治本的方法。靠藥物解決煩惱的人，可能終身都必須仰賴藥物；喝酒實際上無法化解任何困難，也不能解決煩惱，只是「借酒澆愁愁更愁」。人內心的煩惱，最終還是必須靠內心的思維來解決。

想要真正得到快樂，其實並不困難。在佛教的典籍裡，有好幾種方法可以確實解決你我內心的煩惱，例如「因果論」就是一個很好的方法。

什麼是因果論呢？簡單來說：這一世人所遭遇的不幸，都是因為前世曾對別人做出相同的事情，所以這一世必須承擔前世所造的惡業與業果。

透過理解與學習，我們可以操控內心，了解內心的快樂是可以掌握的，想要痛苦或快樂，全看個人的選擇。如果人們不能理解和相信這一點，難免會為了各種小事成天怨天尤人。

學佛是善與愛的熏習

我曾聽一些心理學家談過，在醫學治療上，對於心理疾病的患者，大多採用藥物或者催眠做為主要治療的手段，但通常都是治標不治本。在我看來，真正想要解決心理問題，修習佛法中所說的愛他勝於愛己的「愛他心」，絕對能帶來極大的益處。

而且，學習佛法以獲得內心的安樂、解決心理上的問題，也是一種「催眠」。佛家常說「熏習」、「串習」、「修行」，都是透過反覆不斷的練習，成為生活中的一種習慣，在我看來，稱此為「主動的催眠」也不為過。和「被動的催眠」不同的是，學習佛法是我們選擇讓內心受到善與愛的熏習，而非醫生下的指令。

你可能碰過一種人，他們的情緒和看法非常負面，不管遇到什麼事情、遭遇什麼人，總是拚命抱怨，做事也只看到別人的缺點，使得身邊的人都連帶被影響，感覺痛苦和不快樂。這也是前世不斷催眠自己的結果。如果我們想要快樂，就應該用積極、正面、樂觀的態度去看待人生的所有遭遇，即使是非常糟糕的事情，也可以用積極正面的方式去學習與認知。

前一陣子我因為疏忽摔倒，導致膝蓋受傷，連著一個多月只能依靠拐杖行走，日子非常難熬。尤其是摔倒的第一個晚上，因極為疼痛，連睡覺時想要翻身都辦不到，整夜難以入眠。

如果我不了解業果絲毫不爽的道理，可能會滿口抱怨「這種事情為什麼發生在我身上」或「我怎麼這麼倒楣」，身苦之上又加心苦，苦上加苦。

但正因為我能夠理解這些道理，所以在極難入眠的時候，我試著去想：「這次的摔倒意外，讓我有機會還清了一次惡業的債務。好險這場意外是發生在我懂得佛法、有朋友照顧的時候，而不是發生在我只會怨天尤人、抱怨連連時，否則舊業剛還，又造新業。」當然，如果能在第一時間想到「願我這次的災難替代所有正遭此難眾生的疼痛」，而發起強大悲憫的話，不但能還清舊債，更能累積無比福報！但我在第一時間並未如此想到，可見即使是我，在愛他心的修持上，仍有一段長路要走。

如果能用積極正面的態度去看待每一件事情，就能夠常保內心平穩的安樂；如果總是用負面的態度去看事情，久而久之，就變成一個愛抱怨的人。

但這並不代表學習佛法的人，做任何事情都只看正面而忽略負面，而是我們知道如何理性看待正面與負面。這世界上所有的眾生，都曾經是我們的母親，也曾經是我們的仇人。如果希望得到快樂，應該視眾生為我們的母親，以產生慈心、悲心，這是積極正面看待事情的態度；倘若每天都只想到「眾生都是我們的仇人」，日子就會過得很痛苦。所以選擇看事情的正面，不斷修習慈心、悲心，最終獲利的是自己。

佛教除了道德規範外，更強調「理解每一件事情背後的動機」，深層剖析每一件事情背後的動機，同時分析這些動機產生後對我們的影響。這些豐富的思想存在於古老印度文化中，特別是那爛陀寺的傳承。而那爛陀寺的傳承中，特別是量學❷，針對心的分析結果有格外仔細的教導。雖然這些教導也存在部分印度教當中，但現今的印度教較注重形式，只有少數專家還有在研究關於心理層面的剖析，很難普及到一般普羅大眾，這是非常可惜的一件事。

學佛的目的是要我們學習如何掌控自己的內心，不但掌控今生，也掌控來世，甚至生生世世。即使不相信人有來世，也可以透過這樣的練習，讓這一生的內心能夠獲得平穩的安樂。

學佛的原因之一是為了要離苦得樂，並非肉體的離苦得樂，更強調心理層面的離苦得樂。現今社會變遷快速，環境複雜，如何讓內心不隨著外在環境快速變化而無所適從，學習掌控自我內心是非常重要的課題。

❷「量」指的是認知事物的衡量、標準，又可理解為了知事物之心識。正量分為兩種：現量與比量，前者如感官心識能夠直接現起事物而認知，後者則以推理的方式了知事物。其中，因為比量牽涉如何推理等涵義，所以學習佛法量學時必須涉獵佛法邏輯，又稱「因明學」。在那爛陀的學習體系中，尤其是五世紀的陳那及七世紀法稱等論師，撰寫了諸多相關深奧內容，提及如何以「量」得知其境，此學稱為「量學」。詳細內容可參考《佛法科學總集》（商周出版）。

第三品　你以為的快樂，真的是快樂嗎？

很多人覺得「我的心靈很健康，幹麼還學佛」？或是有「只要保持心靈健康，做一個心地善良的人，即使不學佛也足以快樂生活」的想法。

然而即使心想「要保持心靈健康」、「要維護善良本質」，但畢竟家家有本難念的經，生活中總有不受控制、難以抵擋的挫折與傷害發生。當我們在生活中遭遇不順，或是受到責備侮辱，很難常保心靈愉快、不起憤怒。由此可見，不經訓練、被動的快樂在生活中是多麼的脆弱。

生活中有苦有樂、諸行無常的道理，佛陀早在兩千六百多年前，在鹿野苑初轉法輪的時候就已經告訴了我們，即是「四聖諦」中的第一諦：苦諦。

知道心中存在著煩惱，才能對付煩惱

苦諦所指的是「看不見的操控」，即是業及煩惱的操控。因為有這些操控存在，所以人明知道想要的是快樂，但遭受他人詆毀時，即使對方的指控不實，也忍不住怒火燃燒，內心無法寧靜。

仔細思考一下，你是不是也經常發生類似的狀況？把自身的苦樂交給了外緣去掌控，當別人讚美自己就感覺愉快、高興；但要是聽到他人指責、中傷，就一肚子氣！當我們的心容易被外在的人、言語、事物所攪擾，就處於非常被動的狀態。

既然現實生活中的種種遭遇，再三證明人很難操控內心的苦樂感，總是處於被動的狀態，佛陀又為什麼要特意對人們說苦諦、說一切生存都很苦呢？這豈不是苦上加苦嗎？

其實，佛說苦諦，正是為了點醒我們，讓我們知道可以透過離苦得樂的訓練，將苦樂掌控在自己手中！

所以佛說，想要離苦得樂，就要明白痛苦真正的來源，千萬不要本末倒置，誤把痛苦當成快樂，強調了「知苦」的重要性。

佛陀又提出「病人想」的概念。什麼是病人想？就是人要自知內心脆弱，心中常存煩惱，有著諸多種類的煩惱病。如果缺乏病識感，自然不會意識到內心正處於煩惱中。佛陀知苦論的終極目標，是希望我們能隨心所欲的控制自心，獲得安樂。

在離苦得樂的過程中，這種認知煩惱存在的感覺十分重要。如果我們不知道內心有煩惱、不去進一步治療煩惱的話，煩惱就會一直積存在體內，操控著心靈。只有體認到煩惱的存在，找出對應的方法，人才能真正獲得究竟安樂。

一旦理解自己被煩惱所影響，人就能從根本上做出改變。平時練習掌控內心不受外界環境所影響的方法，就是學習離苦得樂的不二法門。

心懷嫉妒的人難以快樂

沒有人喜歡生病，特別是心靈上的疾病。一提到「心靈上的疾病」，常常會讓人聯想到精神疾病！可是煩惱的存在，卻容易讓我們的思想生病。

現在來做一個小小的實驗，請問問你自己：在路上碰到許久不見的老朋友，如果發現以前表現比你差、成績不好的他，現在有了成就、賺了大錢，生活富裕，過得比你更好，你心中會不會有不舒服的情緒？

為什麼會這樣呢？看見別人過得好，不是應該要替對方高興才對，怎麼反而覺得心情鬱悶、不舒服？

比較和因為比較而產生的負面情緒，都是煩惱的心理病。人們最常出現的煩惱是嫉妒心。

當別人快樂時，我們應該要隨喜。如果不能隨喜，反而感覺到不快樂，甚至是痛苦，就是很大的煩惱病。這種疾病不但缺乏理智，而且非常荒謬。試想，如果因為別人過得好，你就感覺不舒服，那麼一生中得有多少時間活在痛苦裡？為什麼要讓別人的快樂，成為自己痛苦的原因呢？

別人越快樂，自己就越痛苦，這是嫉妒病。

越瞧不起人越痛苦

美國有一個著名的實境節目「What would you do」，製作人安排演員扮演流浪漢，走進餐廳，以乞討得來的錢購買餐點，在店裡用餐。而另外一個演員則扮演偏激的顧客，大聲冷嘲熱諷，驅趕流浪漢，要求他立刻離開餐廳。節目以此情境測試餐廳中真正顧客們的反應。

結果有的客人站起來據理力爭，支持流浪漢也有用餐的權利；而有的人則始終保持沉默，甚至還有人附和表現偏激的顧客，要求流浪漢立刻離開，以維持用餐環境水準。

當測試結束，製作人上前表明身分，並詢問在場顧客為什麼做此反應。支持流浪漢的人說「誰都有日子不好過的時候」、「將心比心」、「他沒有偷搶犯罪，不應該剝奪他坐下來吃飯的權利」；而驅趕流浪漢的人則聲稱「他不應該坐在餐廳裡」、「令人尷尬」、「他應有自覺」、「有礙觀瞻」……

看到別人過得不好就貶低或嘲笑對方，不懂得體諒或理解他人的處境、不尊重人的人，心中罹患了欠缺同理心與憐憫的疾病。這種煩惱病如果無法去除，長此以往跟隨著自己卻不自知，內心離安樂也就越來越遙遠了。

心裡沒有煩惱的人，活得坦然自在，懂得尊重他人，看到別人有需要的時候，願意伸出援手幫助對方，無論遭遇什麼處境，內心都能常保安樂。

滿口抱怨的人最痛苦

你有沒有碰過一種人，他總是滿口抱怨，如果發生了什麼壞事，就怨天尤人的埋怨，「真倒楣！我最慘！什麼壞事都發生在我身上，做什麼事都不順利！」

在他的世界裡，發生一點不如意的小事，都能讓他痛苦半天。

在遇到災難和困難的時候，總是滿口抱怨，覺得「自己最倒楣」、「其他人都對不起我」、「這個世界對我不好」的人，也罹患了煩惱病。他的眼睛只看見自己的處境，卻見不到別人的存在，沒辦法放開心胸去思考：災難不是只降臨在一個人身上，困難也不是只有自己會碰上，世界上還有許多人處在戰亂或飢餓的摧殘中，幾乎每個人都會遭遇挫折或失敗。

就因為他看不見廣闊世界的真相，只專注於自己不如意的遭遇與負面情緒，因此心靈被煩惱所糾纏，無法解脫。

別活在讚美或批評裡

電影或連續劇中經常有這樣的橋段：男女主角與久未謀面的朋友們歡聚。剛見面時氣氛熱烈，大家都很開心，彼此恭維，紛紛稱讚對方「氣色真好」、「看起來瘦了」、「變美變漂亮了」，或讚美彼此在工作上的成就、羨慕對方的生活安排……在歡快的氣氛中，主角笑容滿面，非常開心。

但隨後場景一轉，有人在背後竊竊私語、肆意批評，諸如「穿著俗氣」、「胖了」、「老了」，或甚至出現「她在鬧離婚」、「他剛丟了工作」等等令人難堪的詆毀或真相揭露。無論這些言語是真是假，都令在場主角困窘痛苦，甚至難掩憤怒。

為什麼旁人的讚美令人高興，但詆毀或恥笑卻會令人心生怨恨呢？

佛法中所說的「世間八法」❶，都是病。

總括來說，世間八法是指，當受到別人讚美的時候，心情非常高興，但當別人刺激或傷害我們的時候，內心就隨之憤憤不平。

這種情緒反應經常發生，且在任何人身上都會發生，就因為太容易有這樣的反應了，因此雖然是內心極小的病症，卻往往為人所輕忽。長時間累積下來，就成了更大的煩惱——過分陶醉在外在的讚美中，也反映了我們內心的脆弱。內心的快樂與痛苦太容易隨著外在環境而變化，正顯現出心不夠堅強。

這些被稱為煩惱的心靈疾病，都是源自於我們對於事情真相的顛倒、錯亂和不了解所產生的慣性導致。

人經常弄錯了真正該生氣的對象

在生活中，難免會遇到不平的事情，當人們被惡待的時候，難免處心積慮想要報復對方，卻忘了對方其實也是受煩惱所控制的可憐人。我們真正的敵人，其實是控制對方言行的煩惱，而不是欺負我們的人。但因為經常弄錯應該生氣的對象，反而讓自己陷入萬劫不復的境地。

❶世間八法又稱「八風」或「八世風」，指為世間所愛所憎，能夠煽動人心的八種陷阱，分別為：利、衰、毀、譽、稱、譏、苦、樂。當人獲得利益時感覺高興，沒有利益時感覺不高興；得到名聲時感覺高興，但聽到譏諷時感覺不高興……如此等等，人心因此而起伏、被受控制，就陷入了世間八法中，即是凡夫。

心理的疾病和身體的病痛一樣，都會影響我們的健康。即使是細微的煩惱，也像星星之火那般可以燎原。因此在煩惱細微的時候，應當學習對治煩惱、鍛鍊自己的內心，以對付外界環境所帶來的煩惱侵襲，避免因為內心容易隨著外在環境起伏，而經常身在煩惱之中，時時刻刻被煩惱所支配。

炫耀和比較得不到幸福

你身邊有沒有這樣的人？對於限量款商品有相當程度的執著與迷思，限量鞋、限量包上市的時候，總想方設法排隊購買，一旦得到了就急著上網開箱，美其名說是分享，其實是炫耀。

炫耀和分享是兩種截然不同的情況。炫耀是建立在不尊重他人的基礎上，一心一意只想把旁人給比下去，不顧及別人的感受；而分享卻是因為理解生活在這個世界上，如果別人不能快樂，自己也很難感覺到快樂，所以願意將自身擁有的事物慷慨分給別人。如果有樂於分享的認知，人會以尊重為前提，與周遭的人和諧相處，建立善的循環，為社會帶來和諧，也為內心帶來安樂。

曾看到一則社會新聞，一對夫妻總是在社群網站上曝光各種新買的流行3C商品、蒐集價值數十萬的限量手錶，穿著名牌的潮衫或衣飾，開著超跑名車，居住豪宅，還三不五時出國旅遊，入住奢華的高級飯店、享受美食。

從夫妻兩人公開的照片來看，無人不相信他們收入頗豐、家境殷實，但後來卻遭人踢爆，其實這對夫妻家境普通、收入平平，但為了炫富而不惜負債累累，還不出錢來，就連裝潢時尚的豪宅也不是自己的，還拖欠了房東許多租金，被一狀告上法院……

記者追問這對夫妻，以他們的收入，明明可以過上平實的生活，為什麼卻打腫臉充胖子，過根本負擔不起的生活呢？年輕夫妻坦承，因為他們「喜歡被人羨慕的感覺」，感覺「有尊嚴」。

有尊嚴和愛面子是有差別的。尊嚴來自對於善法的堅持、懂得尊重他人，同時也清楚自己的長處和短處，透過這些認知與行動產生尊嚴感。而太愛面子則是一種病。愛面子是不顧他人感受，過分在乎自己的名譽、地位，而非對善法的堅持。

強烈的貪念和強烈的瞋心都會令人失去理智，因為心懷強烈貪念，卻又得不到自己所要的事物，難免產生憂鬱；因心懷強烈的瞋，想要消滅他人，卻又無法消滅，更會產生沮喪。現今許多人的偏執心態和過度焦慮，多是因為強烈煩惱所引起的。

佛法教導我們真正的尊重

綜合上面的諸多舉例，我們會發現許多負面的感受、痛苦的來源，都來自於「不尊重人」或「只在乎自己」。

尊重是一種普世價值。但是要如何讓這個普世價值不淪為口號，在生活中確實實踐，我們必須實際了解真相。

佛法中清清楚楚告訴大家，為什麼要尊重他人呢？因為每個人都想要離苦得樂，所以我們應當時時刻刻為他人著想，讓善念產生善的循環。

當我們努力幫助他人時，就像拋撒出善的種子，將來等它開花結果的時候，便會再回到我們的身上。反之，如果不懂得尊重他人、不斷傷害別人，拋撒出惡的種子，最後也會回到我們身上。

所以佛法和其他理論最大的不同在於教導人們：行善是為了離苦得樂，而做與不做的出發點，在於尊重彼此，而非維護顏面或維繫好名聲。

傳統教育中，經常聽到大人單方面灌輸孩子一些僵化的觀念，譬如光宗耀祖、尊重長輩、維持長輩的尊嚴與面子……這些思想教導的出發點經常是保持家族尊嚴，而非告訴孩子「為什麼我們要這樣做」，最後將判斷是非的準繩，完全建立在個人或團體的臉面上，使得道德教育只有口號和形式，無法確實在日常生活中生根，反而造成人在生活和思想上的痛苦。

如果我們想要內心快樂，必須先了解佛為什麼在一開始轉法輪的時候，就告訴我們知苦的重要。人會產生煩惱的原因，一般有三個來源：

第一是貪，心中有太多的欲望，想太多，又因為得不到想要的東西而產生痛苦。

第二來源是瞋心，那是一種因為不尊重人而想傷害人的念頭。

第三種則是癡。癡是貪與瞋的根本，是對於真相的不了解，甚至是對於真相的顛倒了解。這是一切煩惱的根本。

透過反覆的練習與學習，了解煩惱的真相與對付煩惱的方法，我們才可能真正的離苦得樂。

現在你應該知道了，學佛是為了離苦得樂，而所做的一切，都是為了讓自己能夠穩定走在尋求離苦得樂的道路上。領悟離苦得樂的意義，學佛自然越學越快樂。

很多人在學佛多年之後，不但沒有變得比較快樂，反而有更多煩惱，這表示他的學佛方法是錯誤的。如果學佛之後，內心的安樂沒有比過去更持久、更豐富，那就表示走錯了路，沒有走在正確的學佛道路上。

第四品　學會轉念，就得到了幸福

上一品中我們談痛苦，現在該來談談如何追求快樂了！很多人都以為佛陀的教法只談痛苦，但如果只談痛苦而不談快樂，那麼人們面對痛苦只剩下無可奈何的承受，所以佛陀既談痛苦也談快樂，因為談苦，才知道如何離苦；因為談樂，也才能對正在受苦的人有所鼓勵。

用主動積極的態度，追求幸福與快樂

這些年來我發現，很多人的生活態度不是「離苦得樂」，而是想要「避苦得樂」。可能他們覺得生活中的痛苦太深太重，沒有勇氣或能力去解決，乾脆不要面對，逃避痛苦，能混一天算一天！

但我們都知道，逃避不是能真正解決問題的方法，用視而不見的方式逃避痛苦，根本無法消除痛苦。

那麼要如何才能真正解決痛苦？

保持積極的生活態度非常重要。我們必須認知：無論現實遭遇的一切有多難受，如果有方法能解決痛苦的話，就用智慧去解決吧，何須煩惱？如果痛苦是無法解決的，煩惱又有何用呢？這樣的認知會對內心產生極大的鼓舞。

當人有了解決痛苦的行動力後，我們就該思考幸福快樂究竟從何而來，又該怎樣去抓住幸福與快樂？

幸福快樂究竟從何而來

在成長的過程中，你是不是經常聽到以下的言語？

「努力讀書，好好考試，才能考上好大學，出來才有好工作！」

「好工作就是錢多事少離家近，沒有工作壓力，年年都加薪！」

「趕緊升職當主管，免得成天被人呼來喝去。」

「賺大錢，買車買房，結婚生小孩……」

「只要有錢，生活就會很幸福！」

這些話烘托出來的是一套既定的社會價值觀，很多人對此深信不疑。在他們的心目中，金錢、地位或者權力是幸福的保證，總覺得要賺很多錢才能獲得幸福。這也是為什麼在成長的過程中，許多大人們總是耳提面命告訴孩子們這些話，甚至用這樣的標準來衡量一個人是否幸福。

於是從表面上來看，我們的人生好像時時刻刻都在努力追求幸福，努力讀書、拚命工作、辛苦賺錢、不斷花錢、吃吃喝喝，希望生活無虞……但這就是真正的幸福嗎？如果這就是幸福，那為什麼擁有經濟和物質上的享受，卻感覺內心痛苦的人比比皆是呢？

我曾看過一則新聞，以網路商業起家的中國富豪馬雲，在許多次採訪和演講時表示，成為有錢人的感覺固然很好，但是成名和致富帶來排山倒海的壓力，讓他很不快樂。人們看他的眼神逐漸改變，每個人都只注意到他的公司獲利、銀行帳戶、企業家與財團創辦人的身分。他喪失隱私和個人生活，不管走到哪裡都被人注意，稍微做點什麼事、說什麼話，都會被人談論甚至扭曲，更有甚者，無論他做什麼，都會有不滿的人大肆批評……

這真是一個殘酷告白，值得所有深信「生活富裕就能獲得快樂」的人反思。

有錢的人不一定快樂，但沒有錢的人就一定痛苦嗎？這也很難說。先前我曾經看過一篇報導，前烏拉圭總統穆希卡被稱為「世界上最窮但最受歡迎的總統」。他七十五歲選上總統之後，不肯住在官邸中，而是住市郊的破農舍裡——鐵皮屋，小花園，雜草叢生——不聘用司機，自己每天開著一輛十幾年車齡的老車去總統府上班，九成薪水都捐出來做慈善事業……他今年八十多歲了，結束總統任期後回歸平凡人的生活，不戀棧權位，活得很快樂。他給貧窮下了一個新定義：貧窮不是擁有得太少，而是不知道滿足。

從馬雲和穆希卡的故事，可以發現一個顯而易見卻經常為人所忽略的事實：生活富裕與否，和快樂幸福沒有絕對的關係。

所以如果想要追求快樂與幸福，或許我們應該先思考「什麼是幸福快樂」和「幸福快樂從何而來」？

別把幸福之因交託在無法掌控的變化上

我們的生活中經常充斥著各種對幸福的討論與定義。譬如著名的廣告台詞「再忙也要和你喝一杯咖啡」，好像在忙碌中能夠共飲一杯咖啡，就是無上的幸福；也有人覺得，能夠和喜歡的人一起看場電影是幸福；更多人會說，能和家人生活在一起是至高的幸福……我不否認這些都是幸福，但這些幸福都是短暫的。

如果在一起看場電影是幸福，那麼電影散場的時候，人是不是又會感到孤獨和寂寞？和家人在一起是幸福，但人生難免有各種分離，一旦家人不在我們身邊，那種幸福感是不是就不存在了？

要靠這些隨時變動的因素來尋求幸福的感覺，是非常不實際的。

在美國的時候，我曾看見一些獨居或住在養老院中的老人，把幸福和快樂寄託在晚輩的探望上。當兒孫來訪，老人家就顯得非常快樂，但如果子女或晚輩連著幾週或幾個月不來探望，他們就陷入很深的孤獨中，鬱鬱寡歡。

我忍不住想，這些老人家顯然沒有培養自己尋求內心幸福的能力，把幸福快樂完全寄託在外在因素上。所以當外在環境變化時，內心就會受到動搖。這樣的情況不僅發生在老人身上，更發生在你我身上……你可曾見過一種人，當他家庭圓滿、事業成功、做事順風順水時就感覺幸福快樂，甚至洋洋得意、心高氣傲，但當遭遇困境、不順或失敗時，就痛苦不已、怨天尤人。他風光時的幸福快樂，在失意時蕩然無存。

但如果我們從小就培養尋找內心幸福的能力，人生不管走到哪一個境地，無論是青年、中年或老年，無論事業成功與否、有沒有家人陪伴、有沒有兒孫探望、是孤身一人還是身邊有伴，都能透過觀想和觀修來獲得內心扎實的幸福感。

這也就是說，別把幸福之因交託在無法掌控的局勢上，否則人是不可能真正幸福快樂的。

再回過頭來說，一般人是不是能夠開創成功的事業、賺大錢，其實牽涉到很多原因，必須要有眾多的因緣和種種機運，才能決定他是否能夠擁有財富。就像演藝人員一樣，並非外表美麗帥氣就能擁有大批粉絲追隨。很多當紅明星出道時拚命努力，但也未必能夠一炮而紅，甚至有可能因為各種機運不佳，被冷凍、被忽視……所以，很多時候要成就一件事，必須要有各種因緣結合在一起，而非完全靠個人努力或外力勉強達成。

以佛家來說，一件事結合百千萬個因緣才能成就，光靠自身的努力是無法達成的，而這些隨時變化的外在條件，當然不能成為我們幸福感的來源。最好的方式是把「外在苦樂的因緣」轉換成「自身內心的滿足」，這樣的轉換才能真正讓我們產生幸福。

當然，內心的滿足感也需要多種因緣才能得到，但我們可以透過不斷反覆的練習，獲得內心真正的幸福感。這樣的幸福才能夠長長久久、扎實存在內心裡。無論處於貧窮或富足的境地，心都能常保平靜；無論面對什麼樣的人，都能處之泰然。即使面對仇敵，也能保有平常心。

以我自己來說，在翻譯尊者的傳法影片時，偶爾會看到一些網友提出關於翻譯的意見，有人會稱讚「翻得真好」，但也有人會批評「翻得一般般嘛」。閱讀評論的我，如果心情隨著別人的讚美或批評而起伏或低落，就像是坐雲霄飛車一樣，受到讚美時就高昂，被批評時就落到谷底，這種來來回回的起伏對身心非常不好，人就如同失控了一般。

我並沒有隨著外在的因緣走，而是想到《入行論》中說：「別人詆毀你時，有什麼好沮喪的，因為此時此刻有人正在讚美你。當有人讚美你的時候，有什麼好自大的，因為此時此刻有人正在詆毀你。」這種對於真相的思維，隨時隨地保持心理的穩定，我才能真正的控制自我的精神世界、掌控自己。

學習轉變痛苦的方法

你有沒有非常討厭的人呢？社會新聞中，經常可以看見狹路相逢、糾眾尋仇，結果兩敗俱傷甚至流血衝突的事件。常人看到仇敵時難免憤憤不平，但報仇成功就能真正獲得快樂嗎？還是只是逞一時之快呢？

如果我們能練習轉變痛苦的方法，在面對刺激傷害的時候，就能從困境中脫離出來。學習菩薩們，內心反覆練習觀修，當祂們看到仇敵的時候，非但不生氣，反而覺得感恩，把面對仇敵視為修忍辱的善知識的機會，內心不為所動，能夠平靜以對。

如果我們能夠將逆緣轉為順緣，不受外境的影響，才能真正獲得幸福。能夠做到這一步，就能把掌控幸福的權力握在自己手中，同時也將幸福快樂建立在扎實的基礎上。由此可知，了解真正的幸福快樂是什麼，與學習獲得幸福快樂的方法是何等的重要！

要如何學習「轉變痛苦」的方法？

首先我們先要理解：實事求是的理智，才能帶來實事求是的幸福。所以學佛並非愚昧的相信，而是必須絞盡腦汁去了解真相，透過對真相的理解，保持內心的快樂。

這個世界上，每一件事情都有好壞兩面。當一件壞事發生，透過轉念，我們便能將壞事轉為對自己有益的養分。

轉念所生的幸福

這裡我將實事求是的幸福分為兩種，一種是轉念所生的幸福，另外一種則是修愛所生的幸福。

先談談什麼是轉念所生的幸福。

我的上師是一位三大寺出身，精通五大論的格西，作育英才無數，深深受人景仰，但他卻丟下了一切尊榮，獨自跑到深山裡修行。

有一次我詢問上師，「您在深山中修行，有沒有遭遇過什麼特別的事情，可以說給我聽聽嗎？」

他說：「印象最深刻的，大概是家裡遭小偷的事情吧。」

我很驚訝的問：「山裡也有小偷？」

他於是告訴我事情的始末。有一天上師回家，發現家裡遭了小偷。小偷把他家徹底翻找了一遍，連經書都一一翻過，可是因為家中沒有什麼值錢的家當，最後小偷把他的鍋子給偷走了，卻遺落下鍋蓋。

目睹家中被翻得亂七八糟的模樣，上師心中頓時生出了煩惱。他不禁抱怨小偷把家裡弄亂，讓他必須花時間整理，還偷走了鍋子……正在埋怨之際，他忽然想起經典中說，如果人的內心仍對失竊物品抱有執著之心，小偷就無法從偷竊的惡業中脫離。

因為平時經常練習愛他心的緣故，上師當下觀想修愛，他告訴自己，那口鍋子不再是他的了。不僅如此，為了讓小偷能夠得到完整的鍋子，他還把鍋蓋也拿到門外放著，等小偷回頭來取。

他告訴我，在那當下，他的內心滿是幸福，沒有一點煩惱憤怒。

這就是轉念而生的幸福。原本遭小偷、被偷走鍋子是一件倒楣事，但因為轉念，反將倒楣的遭遇化為幸福的果實。

或許有人將這樣的態度定義為自我催眠，但如果好的事情能夠自我催眠，那麼發生不好的事情時，也可以用相同的方式讓自己轉換念頭，開啟進入幸福的大門。

現在想到這位上師，我仍然滿心敬佩。在南印度，有眾多的弟子願意服侍他，無論到任何地方都能得到最好的招待，但他從不眷戀享受，反而覺得山上那間連拿杯水都得走上十五分鐘的小閉關房，才是自己最喜歡的地方。

用世俗的標準來衡量他的生活，實屬非常清貧，但因為上師平日反覆練習追求心靈幸福的方法，即使生活條件並不富裕，他的內心仍充滿快樂。

修愛所生的幸福

那麼，什麼是修愛所生的幸福呢？

大乘佛法經典裡提到的「五道十地」❶中的第一地，也就是「初地」、「歡喜地」。稱此地為歡喜地的其中一個理由是因為，到達此一地境界的菩薩們，如果有人跟祂要求割捨肉身四肢或是身體器官，祂不但會歡喜捐贈，而且內心歡喜的感覺勝過受贈者。

佛陀曾在經典裡提到，祂不允許資糧道和加行道的菩薩布施身體，正是因為此二道的修行者在布施身體時，雖然能夠做到無有遺憾的布施，卻無法獲得如初地菩薩般的快樂。當初聽到布施身體這則公案時，我覺得非常不可思議，簡直就像天方夜譚一樣。

人心是很容易受到外在的影響與內在的自我催眠而改變，所謂改變有兩種可能的發展，一種是往好的方向發展，就如進入初地境界的菩薩一樣，歡喜捐贈、布施肉體，不以為痛苦，但也有可能因此走向壞的變化。

你一定看過那種為了爭奪財產，子女意圖謀害父母的社會案件。每次這類悲劇發生，總會引發媒體的瘋狂探索，記者們詢問被害者的家屬、親戚、鄰居，加害者的朋友、老師、同事……企圖從中找出原因。在這種時候，我們常聽見旁人的描述卻是「他（凶手）小時候很乖、很聽話，真沒想到後來會變成這樣，做出令人髮指的事情」。試想這些後來謀害雙親的孩子，在幼小的時候多麼依賴父母的照顧，他們也曾天真爛漫，追在爸媽的背後跑，以得到父母的誇讚為榮，但成長的過程中，因為受外在影響與對自我的思想催眠，過度看重金錢，最後竟為了提早獲得父母的財產，犯下殺害至親的殘酷罪行，甚至不以為意，絲毫不覺得有負疚或罪惡感，這是多麼可怕的狀況！

❶ 五道十地是佛法修行的階段，從最初的發菩提心、精勤菩薩學處，一步一步走近菩薩之地、道次第。五道是指資糧道、加行道、見道、修道、無學道；十地分別為：一地歡喜地、二地離垢地、三地發光地、四地焰慧地、五地難勝地、六地現前地、七地遠行地、八地不動地、九地善慧地與十地法雲地。

所以為能掌控自己的幸福，我們應先以智慧建立正確的價值觀，再以長久的時間堅持善心的串習，才能像資糧道和加行道的菩薩般，打從心底張開雙手迎接仇敵，又能像歡喜地的菩薩般，居然能在布施自己身體的同時，還比受贈者更為歡喜。

哈佛大學曾做過一個長達七十五年的研究，研究中指出，人類幸福的根本是源自於良好的人際關係。但是這份研究報告並沒有提到良好的人際關係從何而來。

從佛教的觀點來看，要培養良好的人際關係，必須要捨棄愛我執，培養愛他心。因為隨著愛我執的減少，我們不會把自己看得過於重要，學習謙遜、包容，放下身段，並由尊重他人的互動中得到別人的認同，建立良好的人際關係。

如果我們能常保這種經由愛他人而獲得的幸福感，隨著愛我執的減少，不過度強化自我，才有尊重別人的基礎。懂得站在他人的立場去體諒對方的處境，這種同理心就是良好人際關係的關鍵。所以增長愛他心，減少愛我執，才有辦法與人建立良好的互動。

如果能將這一點視為目標，人生才有意義。否則如果只是將人生的成就定義在有限的職業發展、爭奪地位和金錢多寡上，實在太可惜了。

小時候經常會被詢問到長大後的志願。有些人想當醫生，有些人想做太空人，這些都是將人生的成就局限在特定職業上。年幼的我們並不知道，職業本身是無法滿足心靈的，但如果將服務的精神帶入職業內容中，就可以發揮出無限可能。

因著這種來自於幫助他人而得到的幸福感，我們可以把自身的工作變得更有意義。就像先前所說，如同初地菩薩將手腳布施給需要的人時，內心的歡喜遠勝過受贈者，我們內心的功德還可以因此無限量的向上發展。佛陀悲功德真是不可思議，我常常在禮拜佛的時候，因想到這些而感動莫名。

當我們因服務他人而感覺幸福，即使每天都必須面對枯燥單調且一成不變的工作，卻能因為服務到不同的人而感覺深深的快樂。這也是為什麼我一再強調必須透過觀修改變人生ＤＮＡ的重要性。

第五品　幸福是可以培養出來的

有一部好萊塢電影《當幸福來敲門》，描寫一個走投無路的單親爸爸，負債累累，無家可歸，帶著年幼的兒子露宿街頭，為求棲身之所，他們爭搶教堂開放的有限床位，如果能搶到位置就能確保一夜安眠，但第二天一切又要重新來過，有時甚至因為沒有搶到床位，不得不帶著孩子躲在地鐵站的廁所裡過夜。可是即使是在最糟的時候，他也沒有放棄過人生。他的名言是「如果你有夢想的話，就要去捍衛它」。

唯有捍衛夢想，才能擁有夢想。

其實類似的話很多，譬如「珍惜光陰」、「掌握目標」，甚至是「把握幸福」……這些句子其實都表達了一個態度，就是夢想、光陰、目標、幸福是真實存在的，而且都握在我們的手上，但之所以提醒人們去捍衛、珍惜、掌握、把握，是因為我們實在太容易疏忽自己擁有的事物，或者說，我們經常以為那些東西不在自己手上，而是被他人所掌控。

很多人以為學佛是為了出世。必須遠離世俗，清心寡欲，甚至沒有喜怒哀樂。但這並非學佛的唯一途徑。佛法中很重要的重點是在談幸福，而且藏傳佛教的思想非常生活化，認為幸福是完全操控在個人手上的，而我們應該積極去爭取幸福的主控權。人能夠主動而積極追求幸福，才會有穩固的續航力，也才能夠得到真正的幸福。

透過觀修與止修，掌握生命幸福的關鍵

那麼透過佛法，該如何掌握幸福關鍵，並培養幸福感呢？在佛法中，追求內心的幸福感主要靠平時規律的訓練。我們稱為「串習」。

串習是讓內心習慣於一種固定的思維模式，透過長時間反覆練習，讓它成為習慣，並將感覺停留在心中，產生感受。訓練內心、養成習慣，二者相輔，再透過串習，令內心產生強烈的感受，這個過程在佛法中被稱為「止修」和「觀修」。

觀修主要是透過觀察的思維來修行。人透過不斷思維，在內心產生感覺，

並讓心緒停留在感受上。當心緒停留在某一種特定狀態上時，就稱為止修。透過觀修、止修的反覆練習，等於將追求幸福的關鍵掌控在自己的手上。

為什麼要反覆練習呢？就像運動員透過每天規律的練習，以維持最佳體能狀態一樣，訓練內心也是相同的道理。而身體和心理訓練最大的不同點在於，體能訓練有發展的極限，心理訓練則無。

人的體力通常在年輕時處於巔峰狀態。拿游泳競賽來說，現今五十公尺自由式的世界紀錄約在二十秒左右，創造這樣驚人紀錄的運動員，年齡大約都在二十到三十歲之間，過了這個階段，體能便會逐漸下降，等到過了四十歲之後，即使每天固定訓練，但體力、速度、反應等方面卻難免趨於衰弱，就像爬山一樣，達到巔峰後，接下來就是一路衰退。但內心的訓練卻恰恰相反，只要平時穩定、規律的訓練心靈，長時間鍛鍊下來，心理的爆發力會越來越增強，發展也不受限制，這是內心和身體訓練最大的不同之處。

另外，這種長期的正面思維不僅有助於刺激大腦的神經元，生長其觸鬚，也能建立與正能量有關的上千萬個觸鬚連結，交織成複雜的人腦網路，進而減少負面情緒的產生。而且，在這世間最精緻複雜的製藥廠——人體的下視丘（hypothalamus）——中，也因長時間的思緒訓練，產生了胜肽（peptide）的化學元素，後經血液接觸到細胞的感受器。由於長期、高壓的反覆刺激，使該細胞收縮甚至破裂，並再次產生相同種類的細胞。感受器越多，知覺也更敏感，所以能更容易接受相同種類的化學元素，最終產生對人體健康有益的蛋白質。

透過布施感受歡喜

想要改變內心，通常必須透過長時間、不間斷的訓練，讓心靈層次隨著時間無極限向上增長。如果因著身體健康，我們能夠快樂，更應該把訓練的對象與方向放在心靈上面。

佛經中曾說過，即使是內心非常吝嗇的人，也可以透過善心和布施心的訓練加以改變。一開始，可以將布施對象鎖定自己的親朋好友，接著逐漸把範圍擴展到陌生人及窮人，並從單一布施進而歡喜布施，將起初的刻意而為之，逐漸發展到漸成自然。也就是說，透過時間的訓練，將原本因需要而生的刻意布施，經由反覆練習，成為生活中的一種習慣。不用刻意思維，一旦看到有人遭遇困難，即使對方是自身的仇人，也會第一時間給予幫助。

一開始的布施只是施捨個人的錢財，慢慢勇氣漸增後，逐漸進步到歡喜如資糧道和加行道的菩薩布施自身肢體。此二道的菩薩有足夠的勇氣，不但願意布施，而且是自然歡喜的布施。但資糧道和加行道的菩薩，在布施時所得到的歡喜尚未超過受贈者，因此佛陀不允許此二道的菩薩輕易布施肢體。

我覺得「愛他勝於愛己」的內容不難理解，但要想確實實踐卻有相當困難。真正要確實執行，必須視執行者平常的思維是否足夠、能否長時間堅持而定。

為什麼會這麼說呢？因為慈心的部分是知易行難，而空性的部分雖然不易理解，但一經理解後就會牢記於心。修行人修慈心，重點在於願不願意身體力行，因為道理非常簡單。如果不願去做簡單的事情，就是個人惰性的問題。

成佛之路是一條從凡夫地到佛地的路徑，有一套完整的訓練過程。要如何從凡夫的此岸到達成佛的彼岸？中間會經過什麼樣的路？會看到怎樣的風景？

會渡過什麼樣的河川？還有該如何才能過河……都有完整且清楚的說明。

雖然我們現在尚未進入大乘佛法的五道十地，但即使沒有看到從凡夫地到佛地的地圖，仍可透過今生努力修學，到達大乘資糧道的境界。透過反覆思維，我們可以把原本愛自己的心轉移到他人身上，再把排斥他人的心轉移到自己身上。原本我們認為自己比旁人重要，但漸漸就會理解，其他人與我們一樣重要。當人們有此認知，心和思維就會逐漸發生變化。

當自然任運的菩提心生起的那一剎那，我們稱為「大乘資糧道」，資糧道就是不經思索，只要遇到發心的因緣，便能自然生起不造作的菩提心，而且屢試不爽，這是大乘佛法中五道十地的第一道門檻。從這裡，我們可以看到成佛的希望。雖然還不知道道路要怎麼走，但此時已經擁有了如何到大乘資糧道完整的路徑圖。

時時懷知母與念恩之心

近年來，許多人詢問我該如何修行慈心、悲心，渴望知道修行的方式。我覺得有必要將自己的心得用文字記錄下來，因此在二〇一五年時，曾寫下一篇〈三寶偈〉。這篇偈頌談到的內容很廣泛，包含了菩提心、空正見、出離心等內容，其中菩提心的部分又分慈心與悲心，裡頭大概有將近七成的比例在討論慈心。此偈中有一部分內容談到了「知母」、「念恩」、「報恩」方面的道理，我將這一段內容摘要出來，分享給大家，並逐句解釋、說明此偈的內容。

無始輪迴生復生，諸生對我眾恩在，
心懷感恩不念仇，我應積極求樂因。
從此我見湖中魚，或見醜衰窮酸相，
即憶汝曾我子時，毛髮肅起心暖兮！
相遇窮衰陌生人，或見湖魚能增福，
從此我知修悲愛，直接獲利實屬己。

〈三寶偈〉的第一句「無始輪迴生復生，諸生對我眾恩在」，意思是輪迴既沒有開始也沒有結束，不停輪轉。在這麼長的時間裡，曾有無數幫助過我們的人。

雖然我們沒有神通能夠看到那些人在過去世是如何善待我們，但透過前後今生的道理就能了解，世間許多人都是我們的恩人，為人應該心懷感恩而不念仇。

我小的時候，老師曾教導過我「眾生都曾經是我們的恩人」。當時我心想，如果眾生曾經是我們的恩人，那麼有沒有可能也會是我們的仇人呢？如果有恩有仇，為什麼我們總是憶恩而不是記仇呢？

這個問題困擾我好一陣子，有一天我才想通了它的原因。

我想，如果我要快樂，就應該去感恩而不是去記仇。因為心懷感恩、不念舊仇，可以讓自己感覺快樂，所以人想要追求快樂和幸福，就要時時感恩並積極求樂因。

為了要常感快樂，所以必須努力累積樂因，累積的方法是透過知母、念恩、報恩及前後今生的理通。

什麼是知母呢？知母是指將一切有情眾生當成自己的母親。佛法認為人有無數個前世，所以稱「無始劫」，意謂找不到源頭。

佛家對於有情眾生的另外一個稱呼，稱為「如母有情」。因為每個人都有無數個前世，所以在這當中的每一世也都有愛我們的母親，也一定遇見過無數像母親一般照顧我們的恩人。這些人雖沒有真正做過我們的母親，但照顧我們就如同母親照顧子女一樣。沒受過母親慈愛照顧的人，在做知母的觀修時可能很難感同身受，建議換以平日特別照顧自己的人做為觀修的對象。

能夠知母、念恩，即使走在路上遇見陌生人，也不會因為彼此不認識而產生隔閡。只要心念一轉，內心會無比溫暖，這就是自我掌控由內心創造出來的幸福感。哪怕這種幸福感非常微弱，都能瞬間照亮內心的角落。

如果因著這樣的觀修，在路上每遇到一個陌生人，內心就會溫暖一次。一天當中我們遭遇無數的陌生人，內心自然能時時保持在溫暖感恩的狀態，無形中累積了許多福報。

能夠幫助他人，才是最快樂的人

〈三寶偈〉中又提到「從此我見湖中魚，或見醜衰窮酸相，即憶汝曾我子時，毛髮肅起心暖兮」，這個意思是透過理通，了解到人有無數個前世，因此無論是飛禽走獸或昆蟲，每一個生命體都有可能曾是我們的親人，或甚至不只一次做過我們的親人。

一次我和一位長輩素香阿姨在水邊觀魚，見水裡的魚長得又肥又大。我忍不住對阿姨說：「如果是沒有學佛的人，見到這些魚一定覺得肥美可口。但有學佛的人看到這些魚，就感覺牠們也曾經是自己的親人。」想到沒學佛的人見到肥美的魚心生口腹之欲造殺業，學佛的人因知母、念恩、報恩而心生憐憫，境相同而業相異，善惡皆在一念之間，當時感觸非常深刻。

而長期生活在印度的我，經常在路邊看到全身長滿膿瘡、氣味難聞，讓人不想親近只想遠離的乞丐。如果我們的內心保持知母、念恩、報恩的念頭，就不會如此嫌惡對方。再者，想到眼前這個乞丐不自主的隨著業和煩惱，活得如此可憐，心中自然會生起想要幫助他的念頭。

如果你知道，眼前的這個乞丐是你我前世的恩人或母親，就不僅只想簡單的幫助他，還想為對方做得更多。

只是視陌生人為母親或恩人，都會產生強烈想要相助的念頭，如果視對方為自己的孩子，內心更會生出必須保護對方的本能反應與強烈責任感。當內心生出這種強烈的溫暖，甚至到了不由得痛哭流涕或毛髮直豎的程度，我個人認為，這就是幸福的感覺。

所以，當我知道了知母、念恩、報恩的道理後，不管遇到怎樣的人，或只是看到水裡的游魚，也會立刻生起感恩心讓我的福報增上。許多人有一種觀念，認為談及愛或慈悲好像只會助他，對自己卻是損失，這是錯誤的想法。事實上，慈心悲心的觀修，自身受益最多。當我們打從心底想要幫助他人時，自己才是真正得到快樂的人，這種幸福是自身可以去創造、掌控的。想要在乎自己，就必須發起幫助他人之心，快樂的因緣來自無私的大悲和大愛，這是佛教的思想邏輯。

再談後四句是：「相遇窮衰陌生人，或見湖魚能增福，從此我知修悲愛，直接獲利實屬己。」面對陌生人或仇人，只要見到他們時，內心生出如同父母親對待孩子一般的溫暖，無論對方曾如何傷害我們，我們都會了知，對方是因為業和煩惱不由自主流轉，所以才做出傷害我們的行為，其業果將使他們再次墮入地獄。因為這一點，悲憫之心不由自主而生，而每一次生出悲憫心，心底就湧起想要幫助對方的念頭，心也就隨之溫暖一次。

而伴隨每一次內心的溫暖感產生，我們可以「加油添醋」，使這樣的感覺更強烈。

用「加油添醋」克服妄念與欲望

歡喜像是一種獎勵，我們得到獎勵才能有動力繼續下去。

舉例來說，今天我想買一個喜歡的皮包，但是經過考慮，想起自己已經有很多個皮包了，因為知足，所以停止想要購買的欲望。這就像我們透過認知佛法停止原本的念頭或欲望，而當念頭、欲望被控制的同時，我們應該進一步讓它持續下去，給自己一點鼓勵，告訴自己：「今天很棒，因為我克服了貪念！」讓你更有動力去克服那些長久以來受煩惱而生起的妄念。另外，每天睡前固定數數今天觀了多少次愛心也很重要。數完後務必要隨喜自己，因為這種愛心的串習，讓人更靠近菩薩果位一步，讓生活更有意義，這就是我所謂的「加油添醋」。

如果連對於仇敵都能生起愛心，那我們就是世界上最幸福的人。這個世界沒有什麼事情可以難倒我們，即使身處令人不悅的環境，只要能夠轉念，內心就能產生愛心。為此我常感念佛陀的功德，特別是當中悲智雙運的悲功德真是不可思議。

修習知恩念恩的方式，除了透過反覆練習之外，也可以搭配念誦偈文或持咒：想像自己最不喜歡的人就在眼前，不斷提醒自己「他們曾經是我的恩人」，讓內心生起感恩之心。如果能夠持之以恆、反覆練習，我們就掌握了幸福的心鑰。

第六品　沒有比學會正確去愛更重要的事

佛法中有一種概念叫做「自他相換」❶。乍聽這四個字，你可能嚇了一跳，以為這是什麼魔法，把自己與別人互相調換！不是這樣的，所謂自他相換，是指「在心裡將自己和他人的地位互相交換」。

什麼是他人？除了自己以外，所有的生命體都是他人，當然，也包括仇敵在內。

在還沒有學習到自他相換之前，我們經常認為自己比別人更重要！旁人的重要性和地位遠不如自己。任何時候，我們總會先把自己的日子過好了再想別人，有時甚至完全不在乎別人的好壞或死活。為了克服這樣的心態，所以才要學習自他相換。

❶自他相換，又稱「自他換」。《入行論》：「若有欲速疾，救護自及他，彼應自他換，密勝應受行。」

菩提心的最大敵人——愛我執

在詳細說明自他相換之前，我們先談談善心。

善心有許多種，在各種各樣的善心裡，沒有什麼比菩提心更殊勝。菩提心是一種強烈想要幫助他人的悲憫心，想要解決虛空未盡之前眾生的苦難。不只局限於金錢和物質上的援助，更重要的是，希望能協助他人，學習尋找內心的安樂，徹底斷除煩惱根本過患，到達成佛的境界。因為這樣強烈、直接的善念，所以在眾多善心中，菩提心是最能直接利益眾生的善法。強大的菩提心不但能解決個人與國家的痛苦，甚至可以解決地球乃至於所有眾生的痛苦。

但生起菩提心的最大障礙就是「愛我執」。這個名詞的藏文解釋是「愛自己的一種執著」（也有人將這個名詞翻譯成「我愛執」，但就中文文法來看，「我愛執」這三個字容易讓人誤解為「我們去愛某種東西」，所以翻譯成「愛我執」更貼近真正的意義）。人一旦只想著愛自己，就減少對別人的重視，如果愛我執的心很重，就管不了別人，甚至完全不在乎他人。

愛我執有粗、細之分。粗分的愛我執，認為自己比別人更重要，這一類的愛我執比較容易讓人感受得到。而細微的愛我執則認為自己與他人一樣重要。

愛我執幾乎無所不在，即使是脫離生死輪迴之苦的阿羅漢，也一樣有愛我執的困擾。有趣的是，聲聞獨覺（緣覺）的阿羅漢沒有粗分的愛我執，但有細分的愛我執。因此在看到眾生痛苦的時候，雖然會產生悲憫之心，但並不會生出想要拯救一切眾生的責任感，主要原因在於，他們不把一切非己之他人眾生看得比自己更為珍貴。而正是因為這細微的愛我執，導致聲聞獨覺的阿羅漢十分享受在禪定的寂靜中，不願行成佛之道。

連阿羅漢都如此了，更何況是我們這樣的一般人呢。長久以來的習慣使然，使得我們無法把他人看得比自己更重要，於是愛我執就產生了。

現代教育中，不斷強調自我存在的重要性，所以當人們提到「我」這個名詞時，彷彿我是真實存在的個體。但如果放在佛法上，很多教典在談到自他相換時，都會以空性的角度來討論，因為唯有淡化「我」的存在，才能視他人比自己更重要。

對清醒的人來說，夢裡的景象都是幻覺

〈三寶偈〉中還有一段內容與自他相換有關，我寫的是：「諸情幻化我亦幻，故我如何較他尊？如夢馬象尊卑競，故我為尊不合理。」

這段話的意思是說：

夢中的馬和大象互相比較誰更重要。馬說：「我跑的速度快，所以我很重要。」而象則說：「我的力氣比較大，所以我更重要。」但醒著的人則認為，無論馬或象，其實都不重要，馬象不過都只是虛幻夢境，而非真實存在。

用客觀的角度去看你、我、他三者時，會發現世間所有事物都不是獨立存在的，而是互相觀待。就如同夢境中的大象與馬一樣，一切都是幻境罷了，既然不是真實存在，又怎麼有尊卑高下之分？

講到這裡，你是不是想要追根究柢去研究，世間到底有沒有一個真正的「我」存在？如果我們把一個人拆解開來，分解成眼睛、皮膚、骨骼、牙齒等等「部位」之後，就會發現人不過是一種組合，實際上根本找不到一個常、一、自主的我。

既然沒有真實的我存在，那麼我們就沒有理由把自己看得那麼重要了。而透過空性的學習，可以淡化愛我執，接下來就可以直接對付它。

為什麼要對付愛我執呢？因為一直以來，人們總以為愛我執是自我保護的最好方式，總想著：把自己看得重要有什麼不對呢？甚至為了要活得好、過得好，不惜踩在別人頭頂上，但那種踩在別人頭上以求自我保護的方式，才是最愚蠢的。

好好愛人，不是不在乎自己

或許有人會疑惑，如果修行自他相換是為了對付愛我執，那麼是不是等同叫我們不要珍惜自己了？這種想法當然是錯的。

珍惜自己、愛自己最聰明的方式，就是把他人看得比自己更重要。這所謂的「他人」，當然也包括仇敵和陌生人。乍聽之下，你或許會覺得這種說法非常矛盾，但事實上因為因果絲毫不爽，又因為同類因感同類果的緣故，當我們尊重他人、愛他人、珍惜他人的同時，這些力量最終都會再回到我們身上，也因此能得到莫大的快樂。

另外還有很多人認為，學習自他相換，對自我毫無幫助，這也是錯誤的觀念。如果你理解自他相換觀修的方式，就會明白，真正獲益的人是自己。所以尊者常常提到，人們都想要離苦得樂，但大多數的人在「如何離苦得樂」的行動上，選擇了愚蠢自私的方式，到頭來反而害了自己。我們要選擇聰明、有智慧的方式來離苦得樂、保護自己，就是別踩在別人的頭上，把自己置於比別人更高的位置。踩在旁人的頭上，是害己的方式，所以如果我們想要得到真正的快樂，就必須降低自己，把自己置於他人之下，反而能有所獲得。

接下來，透過〈三寶偈〉中另一段「愛我執」與「愛他心」之間的辯論，可以清楚發現，為什麼將他人視為比自己更重要，是讓我們獲得快樂的真正方法。

聽聽愛我執者與愛他心者怎麼說

「我不為己誰為己？」莫隨此愚自私心！無始迄今雖為己，仍負眾苦庸夫矣。

「為己故應利眾生。」請學菩薩自私心！此心令我斷諸害，永思利他成佛疾。
「我苦由我承受故，愛我應以我為主！」幼我雖非耆老我，為後安樂幼勤習。
「幼我老我同一人，此故只應愛我矣！」此令我心極狹窄，所思僅剩唯我利。
此念生詆常詆他，不堪眾苦常抱怨，若縱此想不制止，殺害盜淫怎不行？
反觀若能常思他，至心願受眾生苦，如此雄心浩瀚力，已苦再繁怎害己？
「有仇不報非君子。」真敵乃是他續惑，同我敵亦隨惑轉，應屬憐憫對象也！
「厭惡鄰居不愛我，何須熱臉貼冷屁？」某不愛我故不愛，我極愛錢不應理。
「厭惡仇人欲害我！」忍辱不能從彌陀，或從愛我之親眷，因欲害我故稱敵，
此乃唯一忍辱緣，乃助我心增上緣，又如錢財滿我願，令我成就究竟利。
反之真正害我者，卻是此念極狡猾，外敵只害今世我，此敵令我墮地獄！
現在正說此念壞，此念卻於我耳旁：「蔣揚仁欽善巧說，才能受到眾人喜！」
嗚呼蔣揚實可悲，被彼玩耍指掌間，仍卻願當忠心奴，供奉此念真皈依。
我較他尊乃粗我，我他相同乃細執；聲聞獨覺雖滅惑，然因後執佛果離。

開頭「我不為己誰為己」，很明顯就是愛我執的心態在說話。懷著愛我執心態的人經常覺得，人不為己天誅地滅才是真理，人活著當然首先要為自己好啊，如果不為自己做什麼、不保護自己，那不是太反其道而行了嗎？

但懷著「人必為己」的心態做事，很難帶來快樂，倒是不斷產生痛苦，因為無論你為自己做多少事都嫌不夠，而且當每個人都只想著為自己好，無視於別人時，這個世界該有多麼混亂啊！

懷有愛他心的人聽了以後，於是回答：「為己故應利眾生。」如果為己是一種正確的想法，那麼從無始以來，我們對於這種想法已經非常堅定了，執行至今，人們應該非常快樂，不被煩惱所困擾才是，但事實卻非如此。先不談前後世，即便是今生，我們從小至今，哪一天不是以自我為中心，追求快樂而生活，如果這是一條正確的快樂之道，在越愛自我的同時，也應當要越快樂才對，但並沒有啊！今日的我們不但沒有脫離煩惱，還越來越多煩惱，這是為什麼呢？正是因為這種想法錯誤的緣故。

既然錯了，就要改正。懷著愛他心的人於是接著又說：「人如果想要脫離這種種的煩惱，得到快樂，就應該學習菩薩如何尊重他人。這麼做才可以讓我們斷除一切傷害旁人的行為，不會再造作產生苦果的惡業，快速成佛，達到真正的離苦得樂。」

佛經《入行論》中也曾說「所有世間樂，悉從利他生」、「一切世間苦，咸由自利成」、「何需更繁敘，凡愚求自利，牟尼唯利他，且觀此二別」。前兩段的意思是說，世上所有的安樂都是從幫助人、愛他而來，而世間一切的痛苦，都是因為愛我執而產生的。而後面四句話的意思則是說，不必多說，凡夫之所以被稱為凡夫，正是因為凡夫被愛我執所控制，而釋迦牟尼佛則因為愛他心的緣故，才受到人們的敬重，這兩者之間的差別簡直是天地之別，人們用肉眼看就能夠辨別得清清楚楚。

為什麼要無私愛人

但懷有愛我執的人，聽到愛他心的人這麼說，並不認同，反而覺得不以為然，他說：「我苦由我承受故，愛我應以我為主！」這話的意思是，我的痛苦都由我自己承受，從來沒有人能夠代替我，替我受苦受難，正因為如此，所以愛自己是理所當然的！我當然要愛自己、看重自己，怎麼可以把別人看得比我更重要呢？他們又不能替我擋災受難，如何能與我相提並論？

懷有愛他心的人這時提出反對的意見，他說：「如果按照你的邏輯，是誰受苦，就應該由誰來承受苦痛，那麼我年老時所遭遇的痛苦，應該由年老時的我去承擔，年輕時的我既然不會遭遇到老後的痛苦，為什麼還要及早做準備，為老年生活做規畫呢？」

這段話和《入中論》中所說：「若謂自身苦，應由自防護，足苦非手苦，何故手護足？」意思非常相近。《入中論》的這句話，意思是說，腳應該自己保護自己，以免受傷，但為什麼跌倒時，手卻會去抵擋腳可能遭受的傷害呢？這沒道理啊！

而愛我執者聽了，便反駁，「幼我老我同一人，此故只應愛我矣！」愛我執者說，不是這樣的，年幼的我和老的我是同一個人，所以我們應該多愛自己一點。

愛他心者反對，他說：「苦與不苦的分別，不是發生在誰的身上，而是看我們的心緣取在哪裡。」這就好比母親疼愛孩子，當母親看到孩子發生不幸，內心的痛苦遠遠超過孩子肉體上的疼痛。母親雖然無法實際感受到子女肉體的痛楚，但內心卻也承受著無比煎熬。這也像是初地菩薩可以歡喜布施自己的手腳一樣，雖然割除手腳的肉體很痛苦，但因為內心緣取的心念強大之故，所以不覺得痛苦，甚至充滿歡喜，那喜悅之情甚至遠遠超越受贈者。

就因為心緣取的對象不同，所以愛我執把緣取的重點放在自己身上，導致心思狹窄，即使只遭受到芝麻大的小小痛苦，在心底也會無限擴大，常常產生抱怨輕視詆毀狂妄之心，甚至生出看不起他人的心態。

如果我們放縱這種心態不去制止，遲早會走到為了自身的利益，什麼壞事都做得出來的地步。由此可見，心念放置的位置真的非常重要，如果我們把內心緣取的對象放在一切有情的眾生身上，將眾生的苦樂視為自己的苦樂，如此一來，心境瞬間擴大了，不會僅局限在自己身上。與無量眾生的痛苦相比，你我如芝麻粒般大的小煩惱，實在不算什麼啊！

請想像一下，如果我們的心是一輛巨無霸的卡車，可以載下恆河中無數的沙子，有如此寬廣的心量，又怎麼會被一粒小小的沙子所困擾呢？同樣的道理，如果你的內心已經接納了虛空中所有的眾生，願意為了這些眾生的安樂承擔責任，無論自己懷著怎樣的煩惱，但和無量無邊眾生的痛苦相比，不過是九牛一毛！所以說「如此雄心浩瀚力，己苦再繁怎害己」。

為什麼必須學習愛仇敵

但愛我執者接著說：「要我去愛不認識的人尚可接受，但沒有理由去愛仇人吧！自古以來不是都說『有仇不報非君子』嗎？我想當個君子，所以一定要報仇。」

愛他心者回答道：「請好好想一想，仇人之所以會傷害你，也是因他們內心受煩惱所苦，這樣說起來，他們也是受煩惱擺布的可憐人啊！

「大家都想要離苦得樂，但你的仇人卻因為受到煩惱的控制，做出傷害你的行為，他的內心一定也是痛苦的。他受煩惱操控已經很可憐了，更可憐的是，他不是佛教徒，不明白愛我執的過患。我們身為佛教徒，雖然明知愛他心的可貴，也常會被煩惱所控制，更何況是非佛教徒呢！因此真正的敵人是藏在他人心續中的煩惱，如果我們要做君子，那麼應該報仇的對象，是他人心中的煩惱才對。

「只要我們認清內心的煩惱才是仇敵，而傷害我們的人不過是被操控的小丑，應該憐憫那個人，早日成就無上菩提，幫助對方消滅煩惱，這才算得上是真正的君子。」

愛我執者於是說：「即使你說煩惱才是真正的敵人，但我也不用熱臉去貼仇敵的冷屁股，一味討好對方吧？搞不好他們根本不會領情呢！」

愛他心者反駁道：「這怎麼是討好呢？重點不在於對方的反應如何，而是我們要怎麼做。如果因為人家愛我們，所以我們才愛人家，而人家不愛我們，我們就完全不理會人家，那麼『愛錢』不是很可笑的事嗎？多數人都愛錢，但錢只是紙張或銅板啊！我們愛錢，錢卻不愛我們，愛錢豈不是很傻嗎？對，大部分人愛錢的理由是因為金錢可以給我們帶來許多好處，倘若因為對自己沒有好處就不去愛他人，那我們其實更有理由去愛仇敵。因為愛仇敵能讓人突破自我，把自己的愛心從有限發展到無限，這樣說來，仇敵反而是我們的恩人呢！因為這個理由，更應該去愛自己的仇敵。」

愛我執者又說：「正如你所說，金錢雖然不會愛我，但它對我有好處啊！有了錢，我就可以買吃買喝買各種享受了，更何況，金錢不會傷害我們，但仇人可不一樣了。仇人有害我們之心，既然他會傷害我，我沒有理由去愛仇敵。」

愛他心者不接受這種說法，他說：「你要知道，人不是從阿彌陀佛或是愛我們的人身上去學習忍辱，也不是在父母長輩責怪打罵我們的時候學習，因為父母師長之所以會出言責罵，通常出發點是善意的，他們希望我們好，目的是愛護子女和晚輩。真正學習忍辱的最好對象，是從那些打從心底厭惡我們、傷害我們，甚至恨我們的仇敵身上學習啊！」

忍辱是最難的修行

為什麼愛他心者會這麼說呢？這是因為忍辱需要外境的因緣，必須有一個真正想要傷害我們的仇敵，才有機會學習忍辱，這也是菩薩們為什麼這麼渴望遇到仇人的原因。

從仇敵身上學習忍辱，才能真正測試自己的內心是否有發展增上的因緣。忍辱的善行，可以滿足我們成佛的資糧，就像錢財能滿足我們的心願一樣。成佛的過程中，最難修的就是忍辱了，忍辱不能靠自己的觀想來學習，必須遇到仇敵才能測試修學的程度到哪裡。

但如果回頭去找真正想傷害我們的人，就會發現，害我之人不是外在的仇敵，而是藏在仇敵內心那種愛我執的念頭。即使遍滿虛空的眾生想要傷害我們，最嚴重的後果，也只是喪失這一世的性命，並不能將我們放置於地獄，可是能讓我們不由自主墮落地獄的，卻是愛我執啊！死亡看似可怕，但人們卻不知道，更可怕的是，只要被愛我執傷害一次，就如墮落地獄般生生世世無法脫離輪迴的苦海。表面上看起來，愛我執就像是我們的知己一般，無所不在的幫助我們、保護我們，可是即使我們被善知識所圍繞，只要愛我執輕輕動動嘴脣，念頭就隨之起舞，立刻墮入地獄！

這種後果的可怕是難以想像的。畢竟即使面對最惡劣的敵人，只要真心相待，或者還有可能讓對方回心轉意，哪怕是一分機會也好，仇敵也可能流露出善意。但只要有愛我執存在，它會對我們生生世世造成傷害。

愛我執不斷提醒我們「自我的重要性」，但是從虛空中無量無邊的眾生因果觀點來看，實在沒有理由把自己看得比別人更重要。以自我為出發點去造的業，幾乎全都是惡業。這狡猾的愛我執實在很難甩掉，就好像我現在明明正在講解愛我執的過患，但愛我執卻在我的耳旁，悄悄告訴我：「要好好說些愛我執的壞話，這樣人家才會更喜歡你。」由此可見，愛我執是多麼狡猾啊！

可是，沒有意識到愛我執可怕的人們，經常被愛我執玩弄在股掌之間，實在是太可悲了。更可憐的是，很多人甚至從來沒有想過這個問題，更遑論正視愛我執的存在了。更有甚者，很多人還打從心底誠心誠意的信奉它，全盤接受愛我執所說的一切……這種人無所不在，許多學習了大乘教典的人，也仍受到它的擺布。

透過觀想，學習去愛所恨、所懼的事物

這段偈的最後四句是「我較他尊乃粗我，我他相同乃細執；聲聞獨覺雖滅惑，然因後執佛果離」。這裡面提到的「他」，泛指一切有情眾生，以我個人而言，在這部分，我會特別強調是以仇敵或是不喜歡的對象、最害怕的事物做為所緣取的對象。

拿我來說，我非常怕蛇，所以在觀想時，經常會觀想蛇在前方。如果我們連眼前的仇敵（或者是我討厭的蛇）都可以去愛，那麼愛遍滿虛空有情眾生就不是什麼困難的事情了。或許有時候當你在觀遍滿虛空的一切有情眾生如雲朵般時，會心生歡喜，可是當某個討厭的人出現在眼前，內心的憤怒便油然而生。由此可見，平日觀修所愛的「一切有情」不夠具體，務必要將討厭的對象放在自己的面前再來觀修才行。

如果能夠打從心底，將自己三世所造一切善業，真正無私的奉贈給對面的

這位仇敵，愛一切有情就不是虛談。因此當我們在觀修的時候，要特別把不喜歡的人或仇敵放在所有眾生的前面，針對眼前的仇敵發起愛心，倘若能夠做得到這一點，那麼對後頭看不到或看不清楚的眾生就有同樣心力去愛，但如果不能克服這一關，很難在佛法上有更深的領悟。

第七品　決定痛苦的，不在於苦難大小，而是人心

前一品中，我們試圖透過愛我執者與愛他心者的對話，對兩者的差異有了大致的理解。但就像先前所說的，人們一旦有了愛我執之心，總把自己看得比別人更重要，而且會不斷找理由為自己的行為、想法辯駁。

先前愛我執者與愛他心者對話時，雙方就「人為什麼要無私的去愛人」、「為什麼我們必須學習去愛自己的仇敵或討厭的對象」做了一番辯論，但愛我執者並不會這麼容易被說服，他固執堅守著自己的看法，說：「生而為人，本身遭遇的痛苦已經夠多了，我哪還有心力再為了別人的痛苦而負起責任呢！」

在我們學佛的過程中，愛我執的心態就像是不斷發出低音、試圖干擾我們專注力的絆腳石，就連我也免不了遭到愛我執的干擾。它千百萬次在我耳邊不斷耳語，要我別管他人的痛苦，專注在自己遭遇和感受到的痛苦上。

心如大海，苦痛就像水滴；心如針尖，痛苦就像巨石

其實人生難免遭遇痛苦，決定遭遇大苦還是小苦的原因，並不在於苦的本質，而是在於人的心量。只要我們的心承受痛苦的能力足夠強大，那麼再大的苦難降臨，都能從容面對。

對人來說，死是可怕的事情。一般人面對死亡總是充滿恐懼、想要逃避，但同樣的事情發生在不同的人身上，可能有完全不同的反應。

我曾經聽過一個真實的故事，一個西藏僧侶因為冤案而被處死，當他被帶上刑場，即將受刑的時候，他向行刑者請求給予片刻時間，念了一段偈頌文祈禱：「願我的一切善念與福報，都歸眾生所擁有，包括我面前的你（指行刑者）；願我能夠感得一切痛苦的果報，願一切有情眾生惡業的果報都由我承擔，包括我面前的你。」這是一段充滿慈悲的偈頌文，僧侶甚至為開槍的行刑者祈禱，看不出其中有任何恐懼。

痛苦的性質是一樣的，而痛苦到底是大是小，並非來自於痛苦本身，而是如何去看待痛苦的心態。

還記得前面說過，達到初地的菩薩們布施自己的手腳時所獲得的快樂，遠大於得到手腳的人？別忘記了，痛苦的本身並沒有確實的定義，而如果真的想要定義苦是什麼，則完全取決於我們的內心。一般人碰到仇家、討厭的人時，因為心生厭惡，所以想要遠離，但菩薩們卻渴望遇到仇敵，因為祂們很清楚，遇見仇敵的時候，正是修行忍辱的最好時機。

這麼說來，如果我們的心量夠大，一件痛苦的事情發生，就好比一根針丟進大海裡一樣，起不了漣漪；但如果我們的心量狹窄，發生的事情就好比大象坐入小水缸般，令人感覺無比的痛苦。

也因此我們常常可以發現，未經世事的年輕人在遇到一點小事時就大驚小怪，但相同的事情發生在歷經風霜的長者身上，卻顯得老神在在。同一件事之所以在不同人身上有截然不同的反應，其原因也是在於心量的大小，而非事情的輕重。確實，愛我執的心態會限縮我們的心量，把我們的注意力聚焦在一件芝麻蒜皮的小事情上，還削弱了自身的勇氣，因此愛自己越多的人，所能夠承受的痛苦壓力就越小，反之，心量大的人因為承受如同虛空般的眾生痛苦，反而不會把心念聚焦在些微小事上，即使偶遭苦痛不幸，也不以為意。

佛菩薩心懷大愛

在路上經常可見，帶著孩子出門的父母，幾乎時時刻刻眼睛都盯著小孩，嘴裡嘮叨叮嚀。佛陀與菩薩們擔憂、憐憫眾生，就像是父母從孩子出生後就不曾止歇的操心與關懷，無時無刻不關注著孩子的喜怒哀樂，而孩子生病受傷，對父母來說，就好似自己生病受傷一般。

但父母對子女的這種愛雖然山高海深，畢竟是狹隘而有限的。有限的愛沒有辦法遍及一切有情眾生，只能專注在特定個體上。所以父母對孩子的愛經常在本質上是一種佔有。為什麼這麼說呢？因為孩子們總有他們自己的想法，當孩子的想法和父母不同的時候，父母難免傷心難過，甚至生氣憤怒。這是因為父母實在太愛孩子了，有時甚至會視孩子為己有，這種帶著佔有欲的愛讓做父母的難以接受子女不按照自己的意見行事，還有可能會造成子女的痛苦，譬如說，我們經常看到孩子渴望追求夢想，但父母卻按照社會的標準或自己的期望去要求小孩，有時甚至到了蠻不講理的程度。

至於佛陀、菩薩看到眾生痛苦亦會心生憐憫的原因，並不是因為祂覺得這些眾生是屬於我的，因此產生情緒的連帶反應。佛菩薩們透過長時間的串習搭配理智，慢慢累積起沒有限制的愛，這種愛是一種大悲大愛，不含一點佔有欲。這種愛因著對眾生的尊重，以強大的理智做為後盾，因此看到眾生痛苦的時候，雖然生憐憫心，但不會因此不知所措，反而能夠將悲心化為力量，為眾生早日遠離痛苦而努力。

拔除無所不在的愛我執

菩薩們能夠長時間專注在修苦行上，其動力來自於想要協助眾生脫離痛苦，不同於凡夫，菩薩們不會瞎操心，讓自己受到攪擾。因深知眾生的痛苦來自於業和煩惱，為了讓眾生能早些離苦得樂，佛菩薩會在減少苦因上努力，更積極去傳播愛的種子，不讓擔憂操心產生的痛苦困縛住自己。

之前愛我執和愛他心兩者之間的辯論，讓我們明白了，如果真正求好，必須努力去轉移對於「我」與「他人」的定義。這正與〈三寶偈〉中「此故我以一切力，遠離愛我粗細念，真愛非己之他人，方能消滅無始敵」偈語不謀而合，闡明了愛他心的重要。因為只有他人的存在才能消滅我們內心中的愛我執，為此我們更要感恩他人的存在，特別是仇敵。因為有仇敵的存在，更能徹底消滅我們心中的愛我執。

以最難修行的忍辱來說，因為有仇敵的緣故，善知識能夠透過仇敵得到修習忍辱的機會。西藏人視有情眾生為可尊敬的對象，除了稱如母有情之外，他們也稱有情眾生為「至尊有情」。在聚集成佛的資糧上，除了來自佛菩薩的教導之外，另一半則是來自於有情眾生的福德田，而為了修行，六度、布施、忍辱都必須有一個依據對象，而這個對象就是包括仇敵在內的一切如母有情。

成佛除了有情眾生之外，另一個更重要的原因是要除去無始以來和我們形影不離的煩惱。愛我執促使煩惱產生，使人無法脫離輪迴，而拔除愛我執的唯一方法就是修習愛他心。

到底為什麼我們要愛他人？因為他人（泛指自己以外一切的生命體）存在

的本身就值得我們感恩，有了他們的存在，人才有機會去消滅愛我執。

前面提到，一般人的幸福感主要來自於感恩。當一個人生起感恩的念頭時，內心是充滿幸福的。如果能持續這種幸福感，我們內心不但充滿了勇氣，也充滿慈悲與智慧。

迴向眾生帶來莫大快樂

當知道愛我執從無始以來就一直在傷害我們，為了斷除愛我執，必須努力學習自他相換。而修習的方法是將原本的愛己之心，轉換到愛他人上頭。

前一品說到修學愛他心時，要把自己的仇人放在最前面，做為主要觀修的對象。觀想的對象無奇不有，我討厭蛇，所以觀想蛇，有些人甚至會觀鬼或是曾經傷害過我們的冤親債主，接著再觀想自己過去世、現在世和未來世所有的功德，將這些功德都徹底歸與我們所討厭的鬼怪仇敵所擁有。

我十二歲時初來印度，進入辯經學院學習。課堂上的師長們都會提到菩提心與愛他心的殊勝功德。那時雖然反覆聽到這樣的說法，但要將自己三世的功德迴向給不喜歡的對象，實在太困難了。或許是因為愛我執的念頭過於強烈，關於這一點，我一直無法做到。後來透過師長及法王的不斷教導，我才慢慢去思考這個問題。事實上，從初聽到願意去思考這個問題，中間隔了好幾年的時間呢！

有一天，我突然想試試把自己三世功德全部迴向出去會是什麼感覺？那天當我把功德迴向給所有眾生的時候，內心生出前所未有、如釋重負的輕鬆感，無緣由竟感覺非常快樂，好像打開一道深鎖已久的大門，一股豁然開朗、海闊天空的感覺迎面而來！

後來，為了在學習上產生更多的火花，我會改變觀修的對象，甚至去觀想比爾．蓋茲。試著去觀想，假使世界首富比爾．蓋茲出現在我的面前，即使他已經十分富有，而我財力極為有限、微薄，但只要比爾．蓋茲真的需要，我還是要把身上所有的錢財都送給他……

為什麼我會去做這樣的觀修呢？主要是為了刺激、挑釁愛我執。平日修行的時候，經常會因為果報現前，感覺挫折沮喪。但我們要努力將此沮喪之情放在愛我執上，而不是強壓在自己的頭上。當將沮喪放在愛我執上時，內心不會因為果報現前而感到懊惱，反而會因為戰勝了愛我執而心生歡喜，於是在修行上便產生出強烈的勇氣；但如果放在自己身上，則會產生壓迫感，無法呼吸。

試著觀想將你的所有家產都送給比爾・蓋茲吧！在把錢財送給對方的那一剎那，內心是否會產生出撕心裂肺的痛苦呢？如果感覺到痛苦，就是該給愛我執迎頭痛擊的時候了！如果能動搖根深柢固的愛我執，哪怕只動搖一點點，內心也會產生出極大的歡喜，以此鼓勵自己，讓自身的心力願意生出對治煩惱的動力。

利用思維製造美好的幸福感

對修行理由的認知經常會改變我們內心的感受。認知主要來自於對真相的觀察，例如上述我所提到的愛我執與愛他心之間的對話，也是一種修行。當人們透過反覆觀察得到定論，接下來就要付諸實踐，藉此印證我們觀察的結果。在生活中應用這些理論，如果內心能產生幸福感，就證明我們走在一條正確的道路上。

當內心生出感恩時，應該要讓自己能夠一直停留在美好的感覺中，但是這美好的感覺會隨著時間拉長而逐漸淡化。為了避免好的感覺消退，每當幸福感轉淡時，我們可以透過反覆思考愛我執和愛他心的對話，讓感恩之心再度生起並好好感受。反覆思維愛我執和愛他心的對話，就是先前我們說的「觀察修」或「觀修」，而長時間專注於這種美好的感覺中，就是「止修」（令心止住於某善所緣的修行）。

愛他心與慈心都希望他人能夠獲得安樂，不像空性那樣艱深難懂，只要長時間規律的反覆思考，就可以藉由這些想法，自己生起自然任運、無造作的愛他心。愛他心的道理雖然淺顯易懂，但實踐與堅持其實相當困難，不過愛他心的練習不受宗教或社會條件等各種限制，不是佛教徒的專利，所有人都可以練習愛他心。因為愛他心可以促使我們成為一個善良的人，內心充滿溫暖卻又不失智慧，此生努力為大眾而活，而非單獨利己，生命將更有意義。

所以我常說，一個剛入門的佛教徒在還沒有找到上師之前，即使沒有師長可以學習，也能以愛他心為師。愛他心就像是一個羅盤，為我們的心找到正確方向，不至於迷失。

觀想愛他心做為修行入門之法

心中生起愛他心，還不能稱為菩薩。到了菩薩的地步，愛他心自然生起之後，還會生起自然任運的大悲心❶；自然任運的大悲心生起之後，更會引帶著生起自然任運的菩提心；而當自然任運的菩提心生起，此人才能稱為菩薩。

身為一般人的我們，現階段只能刻意修習愛他心，但未到達自然任運的階段，並非自然流露。

接下來，透過長時間的累積、串習，只要一想到愛他心，內心就會自然感到溫暖，長此以往，到後來即使不刻意，當因緣現前時，愛他心就會自然生

❶ 大悲心是菩提心的因，生起大悲心後才能生起菩提心。大悲心是以一切有情為所緣，不忍眾生受苦。不忍眾生受苦又分為兩種層次，一是在不忍有情受苦的基礎上，覺得如果彼等苦難，眾生能夠離苦該有多好；二是由我來讓他們離苦。前者聲聞也有，後者則是菩薩不共的不忍。

起。只要因緣現起就能產生愛他心，便可稱為自然任運。

上述的訓練過程就像是地圖一般，可以讓一個什麼都不明白的凡夫，也能逐步成為自然任運的成就者。既然愛他心的道理非常簡單，理解上亦不困難，我們就不應該找藉口推託，逃避在生活中實踐它。

因此對於想要接觸佛法，尤其是大乘佛法的入門者，在沒有遇到因緣上師之前，我強烈推薦學習以愛他心做為入門法門。

人是具有悲憫之心的，當經歷過煩惱帶給我們的過患，或受到煩惱帶來的痛苦後，看到他人因煩惱所苦，就會不自覺產生悲憫之心。這種悲憫心不單單只有可憐、同情對方，更想要付諸行動去幫助對方。為利有情願成佛的心慢慢從蓄意、刻意到自然任運，當產生自然任運的菩提心時，就是菩薩了。

大約十五、六歲的時候，有一次我正在修菩提心，內心突然發出了一個聲音，叫我捐出五百美元布施行善。當時，我一共只有一千美金左右，是身在異地的我僅有的財產了。我忍不住擔心，想著：「一個人獨自在外，身上多放一點錢總是好的，如果缺了這五百美金，我能熬到下次父母親匯錢或來看我的時候嗎？」

那個聲音於是說：「還觀什麼菩提心呀，算了，你不用觀了，連區區五百美元都不願捐出，還敢說要利益一切有情。」

起初我有點困窘，但隨即想到：資糧道及加行道的菩薩絕非沒有能力捐出自己的手足，只是無法做到像是初地菩薩般的歡喜，從而未獲佛陀布施手足的允許。這不就說明了，布施需要的是歡喜心嗎？從初地菩薩的這段事例，我就領悟到，不管什麼聲音在我心底說了些什麼，仍需要繼續觀修菩提心，不應受到此聲的阻擾。接著又過了十幾天，有一天，我突然心生想捐五百美元的極大歡喜，於是便毫不猶豫的歡喜捐出了！

回想此事才發現，原來那個心底的聲音竟是愛我執的聲音！愛我執真是狡猾，無所不在。

同樣的例子還有很多，譬如說，有位藏人聽到了密勒日巴的故事，心生激動，拋下所有家業深居山林、閉關修行。但過了沒幾天，他便下山來對村民們抱怨說：「密勒日巴不僅自己窮，也把我變成了窮光蛋！」

可能有很多人和我一樣有類似的經驗，當內心湧起感動時，很想拋棄一切投入，但此時的心力不夠堅定，所以不建議將其善心轉成實際的行為。因此在善心自然任運前，應該「以一切力盡觀修，布施等從自然喜，故善莫由強迫心」。對於初學者而言，當務之急要做的是改良自心；一旦自然任運的愛他心生起，許多善行便能在歡喜中自然付出！

在六度❷當中，除了持戒之外，其他都必須靠歡喜心去修持，布施、忍辱、精進都必須在精神飽滿且心情愉悅的狀態下進行。精進又稱為「歡喜善法」，六度中，特別是在修禪的時候，必須處在精神良好的狀態進行。如果在精神狀態不好的狀況下去修行靜慮，我們稱為「細微的沉沒」，反而是一種禪修的障礙。

修行菩提心，並將三世一切善業都迴向給一切有情眾生，等出定後回到現實生活中，倘若發生什麼契機，必須將我們身上所有的一切布施給別人的時候，到底要不要實踐平日的修行結果呢？

在此我必須強調，只要這時候你的內心自然而然產生歡喜心，就可以把一切交給對方，但如果沒有生起歡喜心，則不要貿然行動，因為愛我執之心這時會在你的耳邊嘮叨的譏諷，「你之前做的一切努力都是白費的，根本就給不出去！」此時我們要忽略愛我執發出的聲音。

佛法最主要是修心，心有了修為之後，才能接著修正身語的行為。所謂的修行就是修心，當內心沒有達到能夠歡喜付出的境界，勉強為之反而可能會阻礙我們的善行。有些人是這樣的，當自己擁有一百萬時，布施出九十萬，手上只剩十萬，心中了無歡喜，反而覺得後悔，不願意再修習菩提心了，這麼一來，反而成為修法的阻礙。

每日觀想修行，滋潤善心

愛我執會發出各種不同的聲音阻止我們，因為明白了愛我執的過患，所以我在〈三寶偈〉中寫下了「善心自然任運前，以一切力盡觀修。布施等從自然

❷ 六度指六種行之可以從生死苦惱此岸，得渡到涅槃安樂彼岸的法門，是成佛的必修，分別是自然任運菩提心攝持的布施、持戒、忍辱、精進、禪定、般若。

喜，故善莫由強迫心」！

最後就是迴向了，對一般人來說，自無始以來，可能鮮少有機會真正從心底誠心誠意做迴向吧！善心的培養要靠長時間的訓練，就如同我們每天吃飯以維持體力一樣，靈糧更是我們需要的，所以修行之人靠止觀雙修來改變思維方式。我在平時會念誦〈三寶偈〉，同時觀想偈頌的內容，慢慢念誦並刻意在內心生起感恩之心，讓感覺稍作停留，當感受減弱的時候再繼續往下讀誦，每天至少讀一遍，用以滋潤善心。

如果白天忙碌沒空，至少要趁每晚睡覺的時候觀修。不必擔心觀修會令睡眠品質變差，真正令人不能入睡的是煩惱，如果沒有這般養精蓄銳，怎能對治煩惱大軍？

有人曾告訴我，「睡覺的時候不應觀想菩提心，這樣是對佛菩薩的不恭敬。」真不知這又是哪種愛我執發出的聲音。說實在的，佛菩薩們希望我們一天二十四個小時都能持續觀想菩提心！

如同汽車需要加油，每天用這樣的方法來保守自己的心靈。當你讀誦的時候，第一輪可以觀想愛他心，第二輪可以觀想大悲心，到第三輪的時候可以觀想菩提心，口誦咒語的同時感恩他人的存在，自己才有機會斷除愛我執，如此反覆練習，在心中提起對他人的感謝之情。

科學研究，如果大腦不斷接收同一個訊息，腦部自然而然會發生變化，可見大腦本身是具有可塑性的。而如此反覆練習，可稱為自我催眠。

美國加州大學舊金山分校神經學系教授麥克．梅日尼奇（Michael M. Merzenich）曾在演講中談到他的研究：為了訓練猴子，研究人員不斷對猴子發出指令，要求牠做同一個複雜的動作。如果不施以反覆練習，猴子對於指令不會有任何反應，但在重複七百次練習之後，猴子一聽到指令就可以正確的行動。

同樣的道理，如果我們想要改變內心，就必須堅持每天都做相同的動作，透過持咒或者是讀誦經文的方式來思考其中的內容。靈糧一定要每天補給，至少每天都要有一次練習。

嘎當派的先賢大師說，只有快樂的時候，人才會想起佛的教義，說「飽暖修行易，嗚呼苦哀凡夫訖」，所以人在快樂的時候比較容易修行。但是我們在遇到困難的時候，能夠修心轉念才是修行的真正目的。既然凡夫到大乘資糧道——自然任運菩提心——的這一段路徑如同地圖般的指引，已被我們所知，就不會失去方向。

我非常感恩藏傳佛教給予的教導，它完整詮釋了修行的順序，藏傳佛教的精髓亦在此。但很遺憾，近年來藏傳佛教遭到一些毀謗，我對這些人感到同情。明明是這麼好的菩薩道，但他們不懂，還誤以為藏傳佛教是邪魔歪道。希望我這篇簡單論述的內容，能對每一個人都有所啟發或理解，避免犯下毀謗大乘的重罪了。

學佛的第二個理由——因果不爽，起心動念都是業

第八品　因果關係不僅是耕耘與收穫

按照佛教的說法，生活中無論快樂與痛苦，都是因為因果而生。因果是非常現實的，如同農夫耕種般，想要種植出好的農作物，需要靠肥沃的良田、優良的種子、適當的水分、經常施肥、合宜的天氣……種種因素配合，才能長出好的農作物。但如果只有好的種子卻沒有適當施肥、澆水不足、田地也不肥沃，再加上天候惡劣，自然無法結實纍纍。外在因素的變化，一定程度影響農作物的品質。

但不了解因果的人，卻誤以為「一分耕耘，一分收穫」，只要好好「耕耘」，就能得到好的「收穫」。可是收穫不單單只依賴耕耘這一個因緣，而是要聚集諸多因緣，才能造就收穫。如果單純認為單一的因產生單一的果，那就錯了。

按照佛家的理論，一個結果的產生，需要有無數因緣的聚合而成，而在這無數因緣中又分「可以控制的因緣」和「不可控制的因緣」兩種。

因果的關係，就像聽話的小狗與牠的主人

首先我們必須理解，因果的結合鏈是非常複雜的關係，可說環環相扣，而因果的形成，完完全全是依賴因緣而產生。打個比方來說，「果」就像一隻非常聽話的小狗，而「因」則是狗的主人，主人走到哪裡，狗就跟到哪裡。果無法獨立生成，它的產生完完全全是由於眾多的因堆積而成的，每一個因都有影響果的能力。

這也就是說，每件事物的存在一定會有影響後來事物的能力。以種子為例，雖然種子在未發芽之前，以肉眼來看，不過只是一顆種子，但不代表對未來環境不會發生影響。種子隨著時間而變化，或者老化，或者腐朽，這些變化也會對後來的環境、現象產生影響。如果把種子放在有適當的陽光、空氣和水的環境，就會產生出一條連結鏈，環環相扣，影響到結果的產生。

每一樣事物之所以存在，都有特定的功能，當這些事物產生特殊的化學反應，聚集在一起的時候，就會對彼此或環境產生影響。這些助緣的連結，將影響到種子是否能夠順利發芽。所以因的存在會對果產生影響。

因果之間的關係是緊密的，從來沒有發生過錯誤。之所以因果關係不會有錯誤，是因為果完完全全依賴因而生。前面我說過，果就像是一隻聽話的小狗，隨著主人的行動到處走，不會無因而有突然的果發生。

從因的角度來觀察，無數的因都有影響後者的能力，當一個因結合了其他的因，就會產生完全不同的結果。

於是有人覺得，如果能夠了解每一個因所導致的果，那麼在精密的計算下，人就能掌控果了！

但這是不可能的。因為果依賴的因是無數的，所以我們絕不可能算計其果之無量因，最多只能抓個大概方向而已。即使是商業投資者，再精密的計算或分析、評估，都無法預測到「不可預測」、「超乎常理」的變化，這些沒有預期卻陡然發生的意外，有可能徹底影響了投資的結果。所以沒有完全不虧損的投資，即使投資者做了鉅細靡遺的研究，還是可能會有遺漏之處，還是會有變數發生，更何況比商業投資更複雜、更精細，牽一髮動全身的因果關係呢。所以因果非常難料，也非常現實。

記得我在哈佛讀書的時候，認識一個學生，他是個完美主義者。寫論文的時候，他想要研究A題目時，發現裡面內容彼此牽扯，關係緊密卻又非常廣泛，於是開了一個B主題，想要把題目另外分割出來研究，但結果他很快就發現，B主題的研究內容也是千絲百縷，就像是因果關係一樣。如果按照他的方式進行下去，一個研究題目跟著另外一個研究題目，簡直沒完沒了！這或許是為什麼我的哈佛同學們經常得花上漫長的歲月，去完成一篇論文的內容，好幾年都畢不了業的學生大有人在。

話又說回來，這就是為什麼想要探尋因果的關係，簡直沒有盡頭、無法結束的原因。因為即使只研究與一個果有關的一個因，就此單一項目，它所影響的層面也已經太廣了，就像是一個環接著另一個環，環環相扣一般，無有盡頭，永無止盡。所以佛家說，一個果的形成來自於無量的因緣。

果並非由一個因所決定

人們經常錯誤的以為，單一的因決定單一的果。

而現實中確實也有很多狀況，讓我們相信這種想法是對的。譬如說很多人覺得，如果能和好朋友們去看場電影、喝杯咖啡，就是快樂。而一些喜愛時尚、追求名牌的人，或許會認為，只要能買到限量的名牌包，就是無上幸福。

從這些人的觀點看來，幸福快樂好簡單，只要滿足個人或大或小的欲望，就能感覺愉悅。於是他們覺得喝咖啡、看電影、買名牌包是因，而幸福快樂就是果了。

但是變數不斷發生，喝咖啡的時候，聽見朋友抱怨生活各種不如意、講不中聽的話甚至發生爭吵，結果不歡而散，或者電影劇情非常無聊，在電影院裡被沒有水準的觀眾干擾……這些變數大幅度降低了內心的快樂與滿足。

以買名牌包取得幸福感的人，也許在購入的瞬間因為滿足和得意、驕傲感而覺得快樂，但下一刻有可能因為花大錢買包，與家人發生爭吵，或是在金錢調度上出現壓力，幸福的感覺蕩然無存，甚至還會覺得很痛苦。

舉另外一個例子，社會經常發生類似的狀況，例如當食安風暴發生的時候，民眾心生不滿，大聲抗議，抱怨政府在執法和監督上不力，而此時只要政府部門有人出來道歉、請辭，或追究責任要求某個承辦人員負責、下台，民眾的情緒得到平撫，就彷彿什麼事情都解決了，但真的什麼問題都解決了嗎？當然沒有。

食安問題並非是單一因所造成的問題，而是諸多原因導致的綜合性後果，例如法規制度不健全、檢測過程無法落實、業者貪圖小利而無視於道德良心等等原因。但因為從政府到人民都覺得，只要有人出來道歉下台就解決了，導致大家不深入去探討問題的核心在哪裡，也少有人認真思考該如何真正解決問題，進而使得類似社會事件層出不窮……這就是人們對於單一的因認知錯誤所造成的後果。

所以我們要明白，因果的定義沒那麼簡單，很多時候錯誤判斷「這件事情是因」，就容易導致像出高價買名牌包一樣，未必得到滿足的快樂，反而感覺無比痛苦。因為買名牌包並不是真正追求幸福的因，只是一個暫時滿足內心欲望、虛榮的行動而已。

更有甚者，很多時候，即使人抓住了追求幸福快樂的大方向，也不能保證獲得當下的幸福。

很多人都覺得我這樣長期練習愛他心和自他相換的觀修，一定很能控制自己的情緒，不容易憤怒。但是我得承認，在碰到外在的激怒和刁難時，我還是會偶爾忍不住勃然大怒，心中生起煩惱。而煩惱和憤怒都會導致失控，影響追求快樂幸福的果。

大師宗喀巴曾說：「心善道地則善，心惡道地則惡。」這意思是說，如果我們想要快樂，就必須常保快樂的因；如果不想要痛苦，內心卻又常存惡念，那麼痛苦就會源源不斷湧生。因此說「心惡道地則惡」，即便我們抓住了大方向，但也不能保證分分秒秒都處在快樂的狀態中，有時候還是會隨著煩惱的風而有所起伏。話雖如此，可千萬別因此喪氣了！只要我們願意向著幸福的彼岸慢慢前進，路途中雖小有起伏，因為平日練習之故，大致是平穩的，不會因小顛簸而走錯方向。

因帶來果，微小的種子終成大樹

無形的因和有形的物質一樣，都具有影響後者的能力，所以千萬不要小看自己細微的言行舉止和念頭，這些「小事」都具有影響後續事物的「化學效應」，隨著其他的因緣變化而不斷改變，不斷與各種因素交互作用，增長擴大。這些話看起來好像有點難懂，但其實在生活中經常發生，譬如說，幾乎每天翻開報紙，都會看見「口角殺人」這類社會新聞：兩個人平常相處友好，但因為細故而心懷芥蒂，慢慢生出隔閡，終於在一次的衝突下爆發爭吵，最後釀成悲劇……

前世只罵人三秒鐘，或許累積到這一世，就變成受人責罵三小時。所以佛陀說，每一棵大樹的長成都來自於細小的種子，而即使是微小的種子，因為時間與因緣的不同，發生不同的變化，最後終成大樹。

改變後者的能力，也是因果的一種變化。因這種東西具有彈性，不會永遠不變，很容易因為其他因緣而發生變化，例如懺悔可以改變惡業。這種改變的狀況還可以與其他的因相結合，轉換成不同的型態。

與此相同的是善業，善業也是很容易被改變的。俗話常說「善有善報，惡有惡報」，但不是說只要做一件好事就會得到一個好結果。事實上，善心容易被瞋心所滅。人在行善之後，如果後悔了，而且這種悔意強大到足以消滅先前所做的善行，那麼結果未必是好的。一個人努力行善十年，卻在最後一年後悔了，而這一年的後悔會將先前付出的十年善行化為烏有。就像是一把能夠發芽的種子落入火中，燒得焦黑，雖然燒焦的種子撒回土裡還能夠施肥，但它就不再具有發芽的能力了。

對菩薩生出瞋心，也會消滅我們的善業。因為菩薩們無時無刻不為眾生著想，祂們的善心無比強烈，非常殊勝。如果眾生對菩薩們產生瞋心，那千劫善業都會徹底消失。

因果變化創造了無數可能性，只要我們掌握苦因和樂因形成的原因，雖然乍看之下惡因感得惡果，但從另外一個角度切入，這個苦果就有可能轉為善因。那麼要如何才能將苦果轉為善因呢？善用每一個逆緣的發生，當別人辱罵我們的時候，如果對方責怪有理，將對方視為善知識，感謝提醒，讓我們有改進的機會。但如果對方責怪得毫無道理，那就把指責謾罵視為一陣風，輕輕吹過而不留痕跡，用轉念的方式轉化苦果，就不會被因果操弄，反而可化被動為主動，產生逆轉勝的勝利。

佛法讓我覺得，常保快樂之心並不是毫無盼望、呆坐著等待快樂從天上掉下來的愚蠢行為，而是有完整且明確的步驟，教導我們掌握快樂的契機。因為因果不爽的緣故，只要人的內心常保善心，就有希望，也有快樂，這是為什麼我如此感恩世間每一件事情的原因，無論好事或壞事、幸運或倒楣，都心存感激。

第九品　他殺了十三位菩薩

在討論善惡的差異前，我想先來討論什麼是「業果」。業果是一種由心念造作的個別的因果，無論有形或無形，只要其法具足能改變的性質，還具備能改變後者環境、事物、人、思想、心態等等的能力，我們就稱之為業果（一般的因果不一定來自心念，由心念產生的因果才叫做業果）。

業果也是「因」，因為業果具有影響後者的能力。而這個因是從之前的因緣聚合中所產生，所以它也是果。從佛家邏輯的角度來看，一切的因都是果，一切的果也都是因。因為每一個因都具有改變後者的能力，但一個因的形成，也是因為之前有另外一個因，搭配了其他因素所結合而成的果。既是因，必是果；既是果，必是因。總相上，因與果雖是同義，但以瓶子為例，瓶子的因不是瓶子的果，因為瓶子的因是瓶子之前所有，而瓶子的果是瓶子之後所有的，所以瓶子的因不是瓶子的果、瓶子的果不是瓶子的因。如果討論個別事物的此因是否為此果？答案當然是否定的。

而在眾多因果的類別當中，有一種變化特別與我們的動機、意樂有關，這類的因果就稱做業果。

業是動作。動作包含身、語、意三方面的動作，有了意樂動機，就會產生動作，這些動作都有影響後者的能力。此時的因果效應，不單只有因果的效應，同時還有業果的效應，梵文叫做「Karma」，解釋為執行或動作的意思。我們身體做出的行為、嘴裡說出的話，或者是心裡所想的念頭，都會對後者的結果有影響的能力，有些能力會帶來快樂，有些會帶來痛苦，或經常是苦樂混雜的結果。也有一些結果既不痛苦也不快樂，而這些既不快樂也不痛苦的業，不被佛授記為善或是惡業，故被稱為「無記業」。因此，身、語、意會產生的業有四種：善業、惡業、黑白混雜的業、無記業。

動機決定善惡

我們要如何去區分善業、惡業與黑白混雜業呢？依佛家來說，業的區別在於意樂，意樂就是動機。佛家的標準與東西方道德制訂的標準不同，東、西方的道德標準多半以結果論，所以我們通常都以道德為標準，去評斷一個人說的話、做的事是否合乎標準，而東、西方的法律也是用相同的方式，以事情的結果判定是否違法。

佛法主要是心法，身語意三者一切的來緣都是來自動機，只要動機是善良的，帶來身語意一連串的效應都是好的；動機如果是惡，所產生的一連串效應都是不好的，因此動機是所有一切的起始點，有「心善道地則善，心惡道地則惡」的說法。

談到動機，動機本身也非常複雜，有一些動機是完全善良的，只是利他、想幫助他人的，這是「純白業」，是完完全全的善業；有些動機則純粹是想傷害他人，這種就是惡業；還有一些雖然是想幫助他人，卻在內心的某個角落隱藏私心，想要利用他人，這些就是我們上面說的黑白混雜的業。

至於一般生活中洗澡、走路、吃飯等等行為，沒有傷害他人，也沒有利益到他人，皆稱為無記業。

而以事例來看，如果明知道會有人受到傷害，卻以害他之心一意孤行，這種就是惡業；但如果開端是想給朋友善意建議，明知造成傷害卻又一意孤行，這種則是黑白混雜的業。

黑白混雜的業之中摻雜著酸甜苦辣的效應，可能帶來快樂，也有可能會導致痛苦。

站在佛教的觀點，想要區分善業、惡業或者是黑白混雜的業，最主要判定的標準是意樂。這一點我覺得非常重要，如果我們的道德準繩只限定在身或語而忽略了動機，即使表面上看起來完善，但實際上還是有漏洞。《入行論》云：「故吾當善持，善護此道心，除此護心戒，何勞戒其餘。」守護我們的內心才是真正的持戒，而這是最難持守的戒律。個人起心動念的動機只有自己清楚，也因此可見守護內心的重要。如果大家在道德上能夠自我要求，也可以讓一般人在無形之中養成守法的觀念。

判斷善惡的輕重

生活中、職場上，難免環繞一些口蜜腹劍、笑裡藏刀的人。這種人表面上對人很好，甚至阿諛奉承、逢迎拍馬，但內心卻不懷好意。表面上看起來，這人對我們很友善，但他的本心卻可能是想傷害人的，所以這個看似好人的人造出來的業是惡業。

而成長過程中，幾乎每個人都有受到父母責罵的經驗。有的爸爸媽媽因為擔心子女或對孩子有要求，甚至口不擇言、打罵得很厲害。這些管教的行為看起來是不好的，但不能否認，父母這麼做是出於愛孩子的心，其動機為善，所以歸類為善業。

如果想要再更進一步判斷業的善惡，必須加進對象、意樂、加行❶、究竟等等因素來討論；如果想深入細微討論惡業，除了上述的對象、意樂、加行、究竟之外，還要加入煩惱這一點，才能進一步判斷。

純惡業一定要加入煩惱因素，稱為「五支圓滿」。五支圓滿的業才能稱為圓滿惡業。善行雖不一定要加入煩惱，但對象、意樂、加行、究竟全為善的時候才能稱為圓滿善業。

以殺人的惡業來說，必須要對象、意樂、煩惱、加行、究竟全部具備，才算惡業圓滿，但其中如果所殺害的對象是昆蟲或是其他生命時，會因對象有誤，而不能稱為是殺人的圓滿惡業。

業的輕重也會因為針對的對象不同，而有輕重之分。就像我們私底下以不雅字眼抱怨鄰居，與在公開場合以同樣不雅字眼辱罵公眾人物，如果兩案訴諸司法，罪責也會有輕重之分一樣。造業會因為對象的不同而有差別，例如佛經中說，殺母弒父是五無間罪之一，殺害父母的行為，在業果上的罪比殺害一般人更重。

意樂隨著時間越長，能力越強，當業圓滿的時候，意樂會隨著時間長短及其他因素決定業力量的大小。煩惱通常是「三毒其一」，三毒其一的意思是：有的時候人因為貪心而謀財害命，有的時候則是為瞋心而殺，例如報仇，還有的是因癡心而犯下殺戮，例如未開化的時代或環境中，人們因為祭祀的儀式而殺人為祭。

❶ 加行：在此是指行為、動作。

而以加行來說，殺人的方式也有大小業之分。凌遲殺人的業比一刀斃命的業要大很多。

當殺害對象斷氣的那一刻，業就圓滿了，我們稱為「究竟」。而在其中，如果一項沒有具足，就不能稱為殺業圓滿。當人心中有殺人的目標、有殺人的意樂及煩惱（例如想報仇），但在最後一刻卻是對方先將自己殺死，那麼沒有具足究竟，不能稱為殺人的圓滿惡業。

殺了十三位菩薩的公案

在藏傳佛教中曾有一個高僧、大成就者名叫熱大譯師．金剛稱，他是十一世紀初去印度、尼泊爾學法的藏族譯師之一，是非常重要的大佛學家。

熱大譯師以大威德金剛誅滅法，殺了十三位菩薩。他殺這十三位菩薩的主要原因，是因為這十三位菩薩都具有一種特殊的能力，稱為「趣舍法」。趣舍法可將人的意識從身體中驅走，將自己的意識植入（趣行至）對方的身體（如房子的舍）中。熱大譯師雖然明白趣舍法是十三位菩薩之間特有的傳承，但他擔心這樣危險的法門會不慎落入壞人手中。為了徹底消滅此法門，所以殺了十三位菩薩。

以這則公案來看，殺的對象是菩薩；加行是透過大威德金剛的「誅法」，也就是咒詛；自己未死，他人的壽命已盡為究竟……但在意樂上，雖然熱大譯師想要殺害他人，但先前有提到，如果要圓滿殺業，還要加上煩惱，可是在這裡，熱大譯師殺人的動機並不包含煩惱，因此並非五支具全，不是圓滿殺業。

雖然這個殺業的背後沒有煩惱的意樂，純粹是熱大譯師為了不讓惡法落入壞人的手中，因此有點像是黑白混雜業。熱大譯師的真正動機是為了保護更多的生命免於痛苦，也因為這個動機，導致他雖然墮入地獄，但墮入的時間只是彈指之間，緊接著便如同被拍打的皮球般瞬間彈起。他下地獄的目的是為了感果，而殺業背後的動機保護了他。

我們觀察動機，不是觀察當下的動機，而是觀察背後最究竟的動機。這也是為什麼我一再強調，心中發起的念頭遠比之後做出的行為更重要。

相較於身業和語業，意業更難守護。所以我們看三戒的排列順序，別解脫戒是最下層的戒，之後較為殊勝的是菩薩戒，最後才是金剛乘戒。在別解脫戒中，如在家居士五戒、沙彌戒、比丘戒的階段，佛陀會告誡你「你的身體不許這麼做」、「嘴巴不許這麼說」，但佛陀並沒有規定「你的內心不許這麼想」。可是到了菩薩戒階段時，佛陀就會特別告誡弟子，內心不能有捨棄眾生的念頭，一旦內心對眾生產生放棄的念頭，菩薩戒便瞬間消失。可見守護心是如何的困難。

真正的布施必須四支具足

布施的善業必須是四支具足才算圓滿。所謂的「四支」是指對象、意樂、加行、究竟。布施的對象下至貧窮者，上至佛菩薩，但以身邊的父母、恩人做為布施對象最好。

在印度有一種特殊的現象，特別是在佛陀成道日的時候，有一些白領上班族會假扮成乞丐，讓其他人在這個月給予布施，好累積布施的功德。但這裡對於貧窮者的布施，是指真正生活上有困難、有需要的人，布施的行為是雪中送炭而非錦上添花。

布施的時候，非常強調保持歡喜心。有些人在給予旁人幫助時，內心懷有不屑，覺得自己高高在上，受布施者都很低賤，帶著這種不屑的心做布施，所獲功德非常微小。我經常看到有些人布施乞丐時，將錢丟給對方，但也有些人則是非常尊重的把錢拿給乞丐，隨著加行不同，布施的力量也會不同。

當對方真正獲得我們布施的財物時，我們稱為究竟。而四支圓滿時，布施的功德才算圓滿。

除了這四支，布施後的隨喜也會影響布施功德力量的大小。當一切善行圓滿，如果我們隨喜自己的功德，就會帶來再次行善的力量，相反的，行善後心生後悔，就如同把種子丟入火湖中一般，瞬間破壞善的力量。隨喜好比在火上加油，讓原本善的力量增強數倍，而後悔就好比用滅火器滅火一樣，令善的力量瞬間熄滅。

因為因果不爽的緣故，每一個因搭配其他因素之後都會產生不同的化學效應，所以我再三強調因果絲毫不爽的重要性。

動機是決斷善惡的最重要標準

和造惡業不同，造善業的時候不需要煩惱，四支具足則善業圓滿。有時我們想行布施，只是內心觀想但並沒有實際動作，雖然透過觀想行布施，有對象、有意樂也有加行，但沒有圓滿究竟。透過觀想行布施是善業，但我們不能稱為是「圓滿布施」。

善業之所以稱為善業，主要是因為這個業能對後來的環境、人、事、物、有形或無形的一切種種產生影響，具有快樂的能力，並產生想要追求的安樂。但如果業的產生對四周環境、人事物各種有形或無形的影響是不快樂的、是我們不想要的，那便稱此業為惡業。

善惡產生的標準主要來自動機，動機才是真正最強大的力量。不要小看了我們的動機！有句流傳很廣的俗語說「不怕賊偷，就怕賊惦記」，從這句話我們可以明白，為什麼意業比身業、語業更強大。就像小偷一瞬間把東西給偷走了，我們除了生氣著急之外，某種程度上也明白，不用再分分秒秒擔心不知何時小偷再上門！動機就好比被小偷記住你一般。如果只是身體和語言上的行為，並沒有被打從心裡記恨，最多只是肉體上受到折磨，可是如果有人打心裡恨我們，那對於我們內心造成的傷害就非常嚴重，程度難以預測，所以佛家界定善惡的標準是以業來做區分，不是以身或語來界定的，這也是我一再強調意樂很重要的原因所在。

第十品　累積善行，而成幸福

先前我們曾用種子與植物來比喻因果的關係，而每一個果的生起，都包含了「近取因」及「俱生緣」。

幸福是無數善行的累積

什麼是近取因？這是指當因的本質慢慢轉變成果的本質的階段，所有本質轉變為果本質的因都稱為近取因。拿植物來比喻，當我們把橘種種在泥土裡，在時間的作用下，慢慢長成橘子樹。橘子樹會開花，又結出橘子的果實……整個過程中，橘種就是橘子的近取因。

也就是說，一旦我們取得了這個因，就等同接近了這個果。「近取」從字面上的解釋，就是靠近取得（近距離取得）。只要獲得了因，離得到結果的日子便不遠了。

俱生緣的意思是，單靠近取因的因素，種子是沒有辦法結果的。我們先前曾經說過，所有的因果都需要有無量的因才能感果，而每一個因都必須搭配許多的俱生緣，協同時間和其他的助緣輔助，才有辦法結果，而所有一切的助緣都稱為俱生緣。

「俱生」的意思是必須和近取因同聚，才有辦法產生果。

用生活上的例子來比喻，如果前世曾隨喜❶、讚美別人所做的善業，而且是發自內心隨喜讚美。時間久了，即使隨喜讚美的念頭過了，那種心念與能力卻會衍生成一種「隨眠」❷的狀態，不斷對後續的環境、事物、人與各種有形無形的存在產生影響，持續進行。

就拿我來說，我在年輕的時候因為努力學習、廣結善緣，著作與演講逐漸增加，越來越多的人認識我，加上前世對他人的隨喜讚美產生作用力，所以在這一世也獲得了別人的稱許，所有助緣加總起來，我的內心很容易產生幸福滿

❶ 隨喜是順水推舟，見人行善，身心順從，心生歡喜讚揚之心，隨之修善。
❷ 隨眠指心識處於類似睡眠、非現起的狀態。

足的感覺。

然而單單只靠旁人的讚美，人的內心是沒有辦法獲得滿足感的（當親人離去、深感悲慟時，別人再怎麼讚美也無法心生歡喜。他人的讚美在內心悲慟的時候，無法成為幸福的助緣），所以前世隨喜讚美他人的意樂，變成隨眠狀態後，轉成一種能力再次起現而得幸福感。這種隨眠狀態要能夠再度被喚醒，需要許多助緣，才能喚醒它的本質，慢慢轉換而成內心現有的幸福和滿足感。所以可知，真正幸福的感覺其實是來自於善行的開花結果。

事物短暫並非無常，永無止盡也不一定是常

《佛法科學總集》❸中曾說到「三緣」，分別是不動緣、無常緣與能力緣，必須符合上述三點，才能建立因果的規則。什麼是不動緣呢？是指並非造物主動了造物意樂所產生的緣。佛家認為一切的果都來自於因，而每一個因都是由無數的前因所造成，不斷追溯下去，永無止盡，因此所有的因都不是造物主創造而來的，而是由之前的因緣聚合而成，可以稱為不動緣。

什麼又是無常緣呢？無常緣的意思是，一切的因緣不能由常性的因所產生。如果一個因它本身的性質不會改變，又具有常性的話，它就不會產生可以被改變的果，所以被稱為無常緣。

對於常與無常，每個人的解釋不同。有人將常解釋成永恆不變，將無常解釋成短暫的存在。但就佛家的觀點來說，常與無常的分別在於它的本質會不會剎那改變，如果會剎那改變，哪怕是永恆，都稱為無常。

什麼事物是永恆存在，但又可能剎那改變？就像我們意識的續流，無始亦無終，所以它既是永恆存在，但又剎那改變。不過，這部分在不同的派別也有不同的解釋。

❸《佛法科學總集》（商周出版），由第十四世達賴喇嘛指示諸格西學者，組成編著小組，集結三藏經典中有關色心諸法之科學論述而成。內容除了廣說佛法中對於世間諸法之如實觀察，亦有助於佛法科學與現代科學之間的會通交流。

下部❹論師認為，在無餘涅槃❺的狀態下，意識的續流會終止。但上部❻論師卻持反對觀點，他們認為，意識沒有逆緣可以終止它的續流，所以意識沒有開始也沒有止盡，會一直延續下去，永恆存在。

以上是佛教討論意識的續流是否有止盡的不同看法。

但這並不表示，短暫的東西就是無常。例如以桌上的瓶子來說，從空性來講，瓶子的空性是常，不會剎那改變，但瓶子的空性如同瓶子存在一樣短暫，因為必須有瓶子存在，才會有瓶子的空性，如果瓶子不存在，其空性也就跟著消失。所以用佛家的觀點來解釋常與無常，決定因在於是不是剎那改變，而非永恆或短暫的存在。所以我們也可以解釋無常緣並不是因常因而產生，因為一切的因緣都是由無常性質的因緣所產生。

就好比桌子來說吧！桌子是一樣家具，不管是什麼材質做的，它都會隨著時間的流逝逐漸朽壞，譬如說十年前買的一張桌子，使用十年之後，與最初相較，已經有了十年的時間差距。時間的差異是每分每秒每時每刻都在變化的，今天的桌子和明天的桌子，本質上多了一天的時間。但是十年前的桌子是桌子，十年後的桌子，以桌子的角度來看，本質上也還是桌子，沒有差異，也沒有老化，所以「是桌子」本身，並不是會剎那轉變的事物。

從佛法的觀點來說，「是房子」、「是桌子」、「是椅子」、「是柱子」等都是不會改變的，是常法。但是話又說回來，桌子也不是永恆不變的，如果有人把桌子當成柴火燒掉，「是桌子」的真相也就不存在了。

印度一些外道婆羅門認為，因果是可以由常因所產生的，所以佛陀為了破除這樣的說法，提出不動緣、無常緣的論述。至於能力緣的意思是，任何果產生的時候，眾多的因當中必須有一個因和它的種類相似，所謂的種類相似是說這個因正在慢慢轉變成果的過程當中，從這點去推斷，因和果的本質是相類的。

❹佛教分為四大宗派，分別為毘婆沙宗、經部宗、唯識宗、中觀宗。下部指毘婆沙宗與經部宗。

❺無餘涅槃，顧名思義，沒有剩餘的涅槃。有些論師將「沒有剩餘」解讀為「不剩意識的續流」，有些論師將此解讀為「沒有剩餘苦諦的血肉之軀」。

❻上部是指唯識宗與中觀宗。

簡單來說就是，如果你想要收成橘子，就必須先要有橘子的種子，想要收成蘋果，就先要準備蘋果的種子；要想生產瓷器，需要先準備瓷土材料；想要製作鐵器，必須使用生鐵來鍛造……在具備基本的材料後，透過助緣，慢慢變化它的本質。而當橘子、蘋果、瓷器、鐵器都種出或製作完畢時，這種同類性質的因，我們就稱為能力緣。

所謂的同類，並不是一定要完全一模一樣。一顆蘋果的種子和蘋果的大小相比，簡直是天壤之別。就體積大小的差異來看，這兩種事物並不是百分之百相同，但蘋果的種子和蘋果卻是同類的物質，它們的不同，是因為透過時間的轉換而產生不同的結果。

一切因緣並非造物主所造

或許有人會問：「為什麼一切因緣的起端，並非造物主所創造？」法稱菩薩在《釋量論》當中有提到這個問題，我稍作說明。

印度婆羅門教中有一派認為，一切因緣的起端都來自於大自在天王❼所創造，但這個觀點並未被佛教學者所認同，提出反駁的意見：

如果這世界和一切因緣的起源，都是由大自在天王所創造，那麼大自在天王是常，祂會不會剎那改變？祂的性質是屬於會改變或是不會改變？祂是具有會改變性質的無常，還是屬於沒有改變性質的常？

如果大自在天王本質不會改變，且具有常性的話，那就不應該有大自在天王因為動念而創造世界的說法。因為祂在之前沒有創造世界的時候，沒有想要造物的念頭，但後來的造物之心是從何而來的？念頭的改變，就代表祂改變了本不會改變的常性。如果大自在天王是具有改變性質的無常，那麼祂今天沒有想要造物，但明天卻動了想要造物的念頭，背後一定有什麼令祂改變念頭的因素。如果之前沒有任何因緣，大自在天王想造物的念頭又從何而來？這不也代

❼大自在天王即濕婆神，原為印度教神明。佛教認為祂居住在淨居天，能夠自在變化，故稱為「自在天」。

表了祂在動造物念頭之前，還有另外一個因緣觸動了祂動念。由此可知，大自在天王不可能是創造世界的第一人，一定有另外一個因緣在推動祂，所以大自在天王不是第一個因。

其次，如果造物主本身沒有經過成、住、壞、空四個階段，具有永恆不變的性質，那麼創造出來的東西都應該是永恆不變的。但就佛家的觀點，一切因果的源頭都是會改變的，如果只有創造世界的念頭不變，就很難自圓其說了。

一個瓶子也能追溯到無始以來

要想深入了解因果，還有一個很重要的重點，就是要了解「種續」和「質續」。

因果的變化和時間的流動有緊密的關聯，過去、現在、未來是依據時間續流而產生，任何會改變的事物都有續流的存在。例如一個剛燒製好的瓶子，如果三天後會被打破，那麼這個瓶子就走在時間的軌道當中，也同時在這軌道中剎那做出轉變，轉變的過程是在時間的續流當中，而這個時間的軌道又可以分為種續和質續兩種。

這兩個名詞都是從藏文直譯，種續的解釋是「屬於瓶子種類當下的續流」，簡單來說，今天的瓶子或明天的瓶子和後天的瓶子，都是屬於瓶子的種續，種續是有始有終，有開始也有結束。但瓶子的質續就沒有開始。

以瓶子的物質層面來講，它是由土所產生的，但我們卻不能說土就是瓶子，可是如果依土的質續來看，可追溯這土是屬於某個地方所產，再繼續追溯下去就會發現，這土是屬於某種粒子。

如果再往下追溯，可以追溯到這個地球上未生成之前的大爆炸，如果再從大爆炸追索下去，可能還會發現其他真相，因為大爆炸的形成是能量無法負荷而發生，而無法負荷之前，必定有能量不斷累積。能量的累積是靠時間和空間堆積而成，所以這代表在此之前已有能量或者粒子的聚合，才能產生大爆炸。

總之，在宇宙大爆炸之前的某一種能量慢慢聚集，都成了今天桌上這個瓶子的一部分。

一切世事沒有源頭

由此可見，佛家並不認為有第一個因緣的存在。因為以質續來說，任何會改變的物質、能量、原因，在發生之前都還有其他會使之改變的物質、能量或原因存在，也就是說，每個會改變的因，在發生改變之前，還有其他使之形成的因。如此追根究柢下去，我們會發現一切世事都沒有真正的源頭。

假設真的有第一個因緣存在，可以不依賴任何因緣就讓它發生改變，那麼為什麼第二個因卻必須依賴其他的因緣才能產生？所以佛說：「無始以來。」

總之，正因為沒有第一因存在，所以也沒有開始的意識，每一個意識都要從它的近取因中產生，父精母血再怎麼轉變都不可能變成意識的性質。

在咒乘中提到，母血會變成腹中胎兒的皮、血、肉，而父精會轉變成腹中胎兒的骨、髓、精，這兩者不論如何轉變，都不會變成我們的意識，所以意識的存在必須靠著與它類似的因緣存在。但如果意識不是靠父精母血而得，那意識就是從無始以來一直跟隨著我們，正因為如此，同類果必須來自同類因，以此類推，惡果必須來自惡因，善果必須來自善因，從而成立了善惡因果的說法。

由上述可知，當人產生想要幫助別人的善念時，自己的內心就會先獲得溫暖，但當內心起了想要傷害他人的念頭時，加上助緣，同類果一定會對自身產生傷害的力量，所以我們說因果是絲毫不爽的。

很多人對於因果關係的了解是一知半解的，經常誤以為因果之間的關係，就像農人耕種，種瓜得瓜那般簡單，但是就連農夫也知道，種瓜還不一定得瓜呢！關於「種瓜得瓜」和「得瓜種瓜」的差異，在下一品中我將會更詳細解說。

在這一品中，我透過說明種續、質續和三緣，以及解釋近取因和俱生緣的差異，希望讓每一個人都能對因果有更深入的了解，如此一來，也才能對真相有更透澈的認識。

第十一品　為什麼好人不一定得好報？

因為佛家提出因果不爽的論述，從此和主流宗教間有了區隔。世界上的主流宗教通常都相信「我們是被造物主所創造」、「人的喜怒哀樂及得到失去都是由造物主所主宰」，因此只要向造物主祈求，就可以得到內心的安樂。但是佛家認為人之所以會感覺痛苦，是因為不知道痛苦的原因所在，人之所以會不快樂，也是因為不知道快樂的原因，所以才得不到快樂。

因為前述所說因果絲毫不爽的緣故，所以我們更要知道什麼是樂因、什麼是苦因，還要盡所有的努力去累積樂因並遠離苦因。以佛家的思想來說，透過祈禱是無法離苦得樂的，而是要知道如何行動，才有可能離苦得樂。所以佛教追求離苦得樂的態度是積極主動的。

反觀世界其他主流宗教，通常認為靠禱告和神的給予，人才能得到快樂，自己沒有辦法完全主控快樂的來源。但佛教徒則認為，因為因果不爽的緣故，苦樂之因能夠掌握在自己的手中，只要增加樂因，就可以減少苦因，所以我們可以積極而主動的去追求幸福快樂。

事實上，佛教、無神數論派（Samkhya）及裸形派（Jaina，或稱耆那派），皆一致認為世間並沒有造物主的存在，苦樂的追求是由因果而來，這是三派在因果論基礎上發展出離苦得樂的論述。而其他的宗教都以造物主為信仰中心。

下根之人人云亦云，上根之人時時思考

這讓我想到《莊嚴經論》中說：「下根❶隨信，上根隨法。」意思是說，下根的佛教徒不願意多花時間去思考，多半只靠感應或人云亦云的方式就直接相信；而上根的佛教徒則是追隨佛法的理論，是「隨法理去相信」。

所謂隨法理相信，就是指這些佛教徒並非對佛陀所說的一切毫不考慮全盤接受，而是隨著存在的真相去相信佛法。因此能夠根據真相去解剖、分析、了

❶ 根是指根性，所謂根性，是指人性中有生善惡作業之力。上根者（又作利根），根性伶俐，速發智解，堪忍耐難行，能證妙果；下根（又作鈍根）最劣。

解的人，我們稱為上根佛教徒。這也是為何龍樹及其弟子——印度那爛陀大師，如月稱論師等——將佛親自所說的經典分成了義經及不了義經兩種，而在自己所著的《入中論》說：「如是行相諸餘經，此教亦顯不了義。」

對於上根佛教徒來說，對信仰真正的信心是透過自己的理解、分析並對於真相有深入了解後才會產生。佛陀自己也說：「比丘與智者，當善觀我語，如煉截磨金，信受非唯敬。」從這句話可以發現，佛陀給予弟子們很大的權力，不是勉強你相信，而是希望我們先去觀察佛陀所說的話是否可信，如果覺得有理，再去相信，不可盲目追隨。所以佛陀說「信受非唯敬」，信仰接受不是盲從，而是要先去思考。

因此，做為佛陀的追隨者，我們不應該浪費祂給予的「特權」，要好好善加利用。如果信仰佛教只靠單純的信心而去相信，那很容易因為旁人的閒言碎語影響，就對佛法產生動搖，但如果是隨法產生的信心，就不容易因為身邊人的影響而改變，這也是佛法的特色之一。

通常在信仰上，很少有信徒敢於對創教者提出質疑，各宗派的信徒對於自身的信仰，向來都是全然、無條件的接受。但是那爛陀寺的教法告訴我們，佛陀再三強調，在信仰上，老師是可以接受批評和質疑的。遺憾的是，今日的佛教徒對於信仰經常盲目跟隨，完全是迷信！多數人的信仰始終停留在拜佛保平安、求財富的階段。我有一些朋友在生活中遇到困難，又聽到旁邊的法友講述一些感應事蹟，就跑去信仰佛教，這些都是下根的佛教徒啊。這也是為什麼達賴喇嘛尊者一再強調，如果佛法的追隨者完全以這種下根器的方式蒙昧信仰，那麼佛法一定很難持續下去。如果我們是以上根隨法的方式來信奉佛法，佛法才有可能發揚光大。達賴喇嘛尊者相信，如果以上根隨法的方式將佛法傳承下去，只要有知識份子存在的一天，佛法就會繼續存在。

前幾品提到關於離苦得樂的論述，其道理簡單易懂，基本上不需要再多做解釋——但是因果不爽的部分，必須多花心思去分析其中的道理——我們了解到，如果想要真正離苦得樂，不能單只靠發心、相信或祈求而已，因為佛法說因果不爽，所以我們想要快樂，必須累積快樂的因，才不會受到瞋心、煩惱的摧殘。同樣的道理，因為因果絲毫不爽，所以人必須盡一切努力，避免累積煩惱，務求讓自己不受到煩惱的控制。

因果迷思一：為什麼好人不一定得好報？

我常聽到有些人反對因果不爽的理由，是因為他們覺得，這個世界上經常出現一些與「善有善報、惡有惡報」完全相反的事情，一些有錢人揮霍、浪費，甚至仗著金錢與權勢做壞事，卻被高高舉起輕輕放下，沒有得到應得的報應，而好多善良勤勉的人，卻經常活得很辛苦。新聞中也經常有為了拯救生命而努力的醫療人員、警察，年紀輕輕卻疾病纏身或因公務而犧牲。

他們於是心生疑惑，如果因果真的不爽，為什麼好人反而不長命，壞人反倒活千年？

要想討論這個問題，我們必須先定義，善惡果報一定要今生感果嗎？

一般來說，人們對於心中定義的好人，都希望他能夠長壽，但對於心中認定的壞人，哪怕是多活一分鐘都嫌太長！但一般人有一種通病，認為命短的人快樂的時間一定很短，痛苦的時間則很長。但如果狀況不是如此呢？或許「好人不長命，禍害遺千年」只是人的誤解。

在佛教來說，因為善惡有報之故，假設有一個好人，累積了無數不可思議的善業，因為因緣是互相影響的，這個好人累積的善業會去影響他的惡業。譬如說，本來他可能陽壽盡後要墮入地獄五百年，但因為受到善行的影響，於是縮短了他在地獄受苦的時間，但換得的結果是讓他在人世間受苦五十年，或是他在人間的陽壽縮短，換句話說，就是以小換大。這就是我們時常看到好人不長命的原因。

這種「重罪輕報」的方式就像我們先前曾經提到：懺悔的力量會使善業和惡業改變，而隨喜的力量也會讓惡業或善業呈倍數增長。另外，菩提心的力量也會牽制我們的惡業，甚至將惡業盡除，但瞋心的力量也可能會讓我們在千劫間所造善業通通付之一炬，無法感果。

由此可知，由大化小、重罪輕報也是善有善報的表現之一。

因果迷思二：對孩子掏心挖肺，但他們不懂得感恩

有些父母抱怨，盡心盡力照顧小孩，但孩子卻不懂得感恩，這讓他們懷疑因果法則。

我們必須理解，一個果的產生，必須累積無數的因，而在這眾多的因當中，有些因是人可以掌控，有些卻是人無法掌控的，即使萬事具備，也不能保證可以產生果。就像先前我們說農夫耕種一樣，就算萬事都齊備，有種子、土壤和良好的天氣，卻可能因為一個意外來襲的颱風，導致無法收成。

希望孩子對父母師長有感恩之心，不單單只除了讓孩子感受到師長的好，還要加上孩子們本身平常對善法有所認知。孩子本身對道德觀有所體會與認同，才有可能產生感恩之心。

從此可知，對孩子好只是眾多因緣之一。如果父母平常只是帶孩子出國去玩、大啖美食、給予各種金錢或享樂，卻沒有在教育上正確的下功夫，一切都是枉然。如果父母平時與孩子之間的關係，如同賄賂一般，就算平日教導小孩

常懷感恩的心，但因為孩子老是處於與同儕競爭比較的環境中，養成了「別人有，我也要有」的任性心態，即便父母給孩子買了他心裡想要的東西，小孩也覺得這是理所當然的，那麼自然不會對任何人、事、物心存感恩。所以大環境也會影響孩子對感恩認同的程度。

因果迷思三：因果關係並非種豆得豆

人們之所以會認為種豆得豆是定律，完全是因為對因果沒有確切了解，而不是因果本身有錯誤。

我們普遍認為「種瓜得瓜，種豆得豆」的理論是正確的，但這樣根深柢固的觀念會讓我們在觀念上發生錯誤。如果我們把這一句話在次序上重新排列、組合，就會貼近事實，避免發生錯誤的解讀。

前面說過許多次，每一個果都是由許許多多不同的因緣聚合而產生，每一個因緣又會被其他的因緣所牽絆，形成一套複雜且龐大的系統，牽一髮動全身，因此因果規律，並不像種瓜得瓜種豆得豆那麼簡單。

但如果認定種瓜無法得瓜，所以乾脆放棄努力不去種因的話，那我們永遠都得不到果。只要我們能掌控欲得之果的大方向，結果的可能性也就相對提高。

譬如農夫知道春天播種未必能在秋天得到豐收，但他不會因為無法掌控的因素就乾脆不種了。了解因果的人，會朝大方向上累積快樂的因緣，雖然在其間難免受到煩惱或其他因素的干擾，但還是要不斷累積快樂的因緣，讓快樂指數不斷向上增加，才是正確的心態。

要想得豆必先種豆，要想得瓜必須種瓜

有些人曾問我：「既然因果已經決定一切，為什麼惡業可以被懺悔？又為什麼善業會被瞋心所摧毀呢？這在邏輯上是說不通的。」

所謂因果決定一切的意思是說，任何果的產生都必須要由同類因素堆積而成，這也就是我們前一段談到要想得豆，必先種豆；要想得瓜，必須種瓜。反過來說，人種豆不一定得豆，決定結果的因素完全依賴先前的因，要想結什麼

果，就要種什麼因，因為有這些先前的因素，惡業才能因懺悔而盡除，而對菩薩起瞋心也會摧毀千劫所造的善業，這也是為什麼我們在學佛的過程中要時時檢視並持守自己的內心。

說因果具有決定性，其實是以結果論來判斷。但從因的立場來討論，種下的種子一定會感果嗎？答案是不一定，因為中間牽扯的變數實在太多太多了。但因為這些變數，我們反而可以說，懺悔能夠消除惡業，瞋心會消除善業，它是有軌跡可循的，理論上並不矛盾。

於是總結一下就會發現，種因未必可以得到想要的果，但可以確定的是，如果想要得什麼果，就一定要種什麼因。

想要理解因果，就必須在因果的順序上有透澈了解。因果的實相和先前所說主動被動追求快樂的說法，彼此關係並不相互矛盾，只要人在大方向上能夠掌握「要追求快樂」，雖然不能百分之百保證一定能結出樂果，但只要平常規律的去做練習訓練，內心養成習慣並持之以恆，內心快樂指數就會與日俱增，這一點是絕對可以肯定的。

其次，在慈心、悲心生起的當下，內心就是溫暖的。這個因果是直接可以看見，不需要透過時間作用而成，這也就是我們所說的「現世報」。有一些果是必須透過時間的作用，到下一世才能看到，但慈心與悲心強大的力量，人當下就能夠有所感受，這是最好的寶物，必須要好好的珍惜並且善用，讓它成為我們追求快樂的動力。

貪小便宜造業甚重

社會新聞中經常看到，有些人愛貪小便宜，偷拿公共廁所中提供的免費衛生紙回家使用，被抓到了還振振有詞「反正是免費的，不拿白不拿」、「多拿幾張又怎樣，反正準備了這麼多，也不差我拿的這幾張」，甚至覺得這是很聰明的做法。

但是按照因果不爽的道理來看，這一世我們能夠享受到免費的社會福利，是因為前世結了善果的緣故。偷拿公共廁所的免費衛生紙，看似只是佔小便宜，卻是盜竊公物的行為。而且這個盜竊，並不僅僅只是偷取幾張衛生紙的罪行，而是盜竊了全國人民所共享使用的公物。

前世的善因，才讓我們這一世享有了免費的福利，然而因為貪小便宜，所犯下的卻是欠全國人民的莫大惡業。業果關係絲毫不爽，很多時候人們以為不過是偷幾張衛生紙罷了，只是佔人便宜的小貪念而已，甚至不一定會被法律追究，可是就在這種不以為意之間，卻犯下了莫大的錯誤而不自知。這種搞不清楚自己犯了什麼大錯的行為，我們稱為「愚癡不了知真相」，雖然不是為了偷而偷，但是因為愚癡而貪小便宜的心態，卻會犯下很重的業。所以我們要引以為戒，愛惜公物。

第十二品　令人迷惑的因果疑難

網路上經常有一些法友們與我交流佛法心得，有些因果問題，很值得跟讀者們分享與探討。

Q1 為什麼菩薩為一切眾生發願迴向，卻有人毀謗菩薩呢？

【問題】 菩薩心心念念為了眾生發願迴向，為什麼還有人毀謗菩薩，可見根本不是因果不爽，而是因果有誤。

【回答】 很多人以為，只要我們對別人好，別人就一定也會對我們好，把這樣的心態投射到菩薩與眾生的關係上。但實際上我們都知道，好心對待他人，未必能夠得到同等對待。雖然內心生起善待他人的發心，已經產生了影響後者的能力，但是否能感相同的果，還關係到其他許多因素。

菩薩心心念念都為眾生好，但還是有人毀謗菩薩。如果我們要制止毀謗者的行為，首先必須讓他認同菩薩的所作所為，還要讓他了解菩提心及慈悲心，最後才能讓他們對菩薩產生尊重。不過如果毀謗者對菩薩的行為及對慈心悲心一無所知，只靠菩薩的愛，是不一定能夠感動毀謗者的。

我要強調，要想阻止毀謗者，必須所有尊重菩薩的因緣都要具足。菩薩以愛對待毀謗者只是眾多因緣的一個小環節而已。很多人根深柢固的觀念認定了一個因感一個果，卻忽略其他眾多的因素，也因此經常有人抱怨，掏心掏肺待人，卻換來對方的恩將仇報。

Q2 明明殺了人，為什麼懺悔後不用感果？

【問題】如果說懺悔可以盡除惡業，那麼即使殺了人、造下殺業，只要懺悔就可以免受業力的懲罰了？

【回答】所謂盡除惡業，並不是靠懺悔就能徹底抹去人所造作的過患。是否能盡除惡業，取決於懺悔力的大小，才能決定能減少多少。

拿橘子來做比喻，將種子種在土中，能否成功發芽、成長，到結出橘子來，除了土壤、空氣和農夫栽種的能力之外，還有天災等等太多不可預測的因素。譬如說，如果種子曾被大火燒過，不管怎麼栽種，恐怕都長不出橘子。

可是種子無法發芽結果，並不代表它沒有影響橘子的能力。當種子被燒成灰燼，灰燼就成了種子的結果。這種轉變成另外一種物質的現象，當然也具備了影響結果的能力。種子之所以變成灰燼是因火焚的緣故，也就是說，它們是同一種物質，只不過變成另外一種形式存在。

如果認為結出橘子是種子唯一的能力，那和一個因只能感一個果是同樣的錯誤。

懺悔在這裡所扮演的角色，就像是燃燒種子的大火。懺悔的程度會影響殺生業的輕重，如果殺生的業足以讓人墮入地獄五百世，但透過強烈懺悔的力量，可以減少惡業。可是如果懺悔的力量不夠，還是必須受業報因，譬如說，結果可能是墮入地獄兩百五十世。

殺生的業有時候會以現世的方式呈現，譬如說今世殺人，被判刑入獄，或甚至被槍斃，這些是殺業的現世報。但不要誤以為有了現世報，就不必再承擔其他的業果了。

殺業的力量非常強大，今生承擔的刑責並不代表是結果，即使受完殺業的現世報，但後來仍要墮入地獄受苦。懺悔力量的大小取決於造業者後悔的程度，以及內心所發不重蹈覆轍的願。懺悔力量越強，盡除惡業的力量也越大。

Q3 小偷成功偷到東西，算不算是一種福報呢？

【問題】 業果中，種善因、結善緣，必會感得樂果。可是小偷成功偷到東西，難道屬過去的福報感得嗎？為何福報是用惡業的方式感得呢？善因不是應該透過善緣感善果嗎？

【回答】 必須再強調一次：樂果一定是因為善因而成，但種善因卻不一定能得善果，這中間還有許多其他原因會影響善果的產生，但可以確定的是，如果不種善因，就不可能結善緣，如果不結善緣，一定不會得到善果。

回到問題來看，小偷之所以能偷盜成功，的確是因善因而成。但偷盜本是惡業，小偷起了偷盜的心念，就產生惡業，如果他沒有起這樣的壞念頭，或許原本可以賺到二十萬，但因為起了壞念頭而縮水變成偷到五萬。惡因的產生會導致善果由大變小，而善果之所以提早成熟，是因為小偷偷竊的惡念所感，這種情形並非是好事，因為小偷的行為，導致善果從大變小，甚至從小變無。

善果的產生並非完全來自善緣，但善緣卻是形成善果的因素之一，這就像植物的種子要配合陽光、空氣、肥料和適當的水分才能開花結果一樣，陽光、空氣和水對種子而言是種助緣，但如果有人刻意將剛發芽的苗拔起，那拔苗的力量對種子而言就是逆緣。雖然拔苗使得植物在視覺上好像長高了，但實際上卻傷害了苗。

得善果不一定完全來自於善緣，有時也可能會從無記緣或惡緣中產生。就像雖然平時我們修學菩提心、觀修愛他心，卻免不了在生活中遇到不如意、不開心的事。當你聽到身邊的人抱怨不順心，因此產生悲憫心，想要幫助他們的心，就觸動了無記緣進而點燃我們的善心之火。

因為平常有練習菩提心、愛他心的緣故，有時當我們遇到那些被人誤解、毀謗或傷害的人，便會對他生出同情。這個善果，也是因為他人的逆緣所產生。

Q4 師父可以替弟子背業嗎？

【問題】常聽人說「因為師父背弟子的業，所以才一直生病」，但是《廣論》中說「業未造不遇，已造不失壞」，個人造的業不是應該由自己承受嗎？師長真的可以承擔弟子的業嗎？

【回答】一般來說，業未造不遇，沒有造業就不可能感果，而在沒有違緣的狀況下，因緣具足就一定會感果。

再回到種子的例子來看，橘子的種子如果沒有遇到大火，也有可能因為放久了而風化，那麼即使給予適當的陽光、空氣、水及肥料，也無法結果。但是業不會因為任何原因改變影響後者的力量，這是善業感得善果的法則，它不因時間長短而改變。而惡業如果沒有遇到強烈的善心或者是懺悔心，影響後者的能力也不會減弱，我們稱之為「不失壞」。

什麼又是「業未造」呢？在討論師父有沒有可能幫弟子背業之前，首先要說明，如果沒有任何因緣，師父與弟子之間也沒有任何誓言，那麼師父替弟子背業的說法就不成立了，因為個人的業由個人來承擔。但如果弟子和老師在某個前世時相約發願，將來在某年某月同日生或在某年某月同日死，這就是已造的業而不是未造的業。在這樣的基礎上，老師極有可能替弟子背業。

佛陀曾說，恆河的水不能洗淨罪，佛陀的手也沒有辦法提取所有眾生的痛苦，佛陀證悟的功德也無法像禮物一樣餽贈他人，唯有透過開示的方式，讓弟子能夠了解解脫之道。在因緣不成熟的情況下，即使是佛陀也不能承擔眾生的痛苦，而師父要想為弟子背業，也必須有足夠的前提條件，才能夠在因果絲毫不爽的基礎上，發生背業的情況。

Q5 功德迴向，是不是真的能讓對方有較多福德善緣力？

【問題】有人說，親人離世後，舉辦法會能將功德迴向給亡者，讓他們得到福德，這是真的嗎？

【回答】經典上面確實提到，當父母親人離世後，子女為其舉辦法會是有效的，但並不表示子女的善業能夠透過法會，轉傳給過世的父母，而父母的痛苦也不會轉移到子女身上。

父母和子女之間的業緣，藉由法會變成功德迴向給父母，使父母親人的惡業從大化為小，由小化為無。法會只是助緣，將父母的功德從小變大，或使善業早日成熟，這種說法確實是成立的。

【問題】聽說無緣者為亡者迴向的話，沒有助緣的效應？如果某甲迴向給某乙，不管此前是否有任何深淺業緣，在某甲迴向的當下，是否有「迴向的」助緣？那麼某乙能夠得多少呢？因其因緣業力而有不同？而且由於緣起性空，無量劫中，一切眾生都曾經如父如母，無一眾生是無緣者，只是看當下是否因緣具足，是嗎？

【回答】經典中說，有三種關係的人為亡者做法會，最能迴向給亡者，分別是：一、有血緣關係的親屬，如父母與子女；二、有法緣關係的人，如老師與弟子；三、丈夫和妻子。如果為父母做法會，拿父母的錢去供養，最可以使父母受益，但由子女出錢做法會一樣有助緣的效應。

上面所舉的三個例子是特別針對臨終的時候，透過業緣的因素，舉行法會產生助緣的效應特別有效，但不是指平時一般的迴向。平時迴向是另一種狀況。長時間的迴向是有效應的，菩薩長時間反覆為眾生迴向，與眾生結上法緣；佛陀在還是菩薩的時候，也不斷為五比丘迴向，這因緣讓祂來到這娑婆世界，初轉法輪為五比丘講經說法，談到苦（知苦）、集（斷集）、滅（證滅）、道（修道），五比丘當下證阿羅漢果位，正是靠佛陀之前多劫不斷發心迴向的願力後而產生的法緣。所以並不是說迴向沒有效應，而是如果要對臨終者確實有幫助，必須要由有業緣關係的人迴向往生者，才能得到確實的利益。

一切有情的確都曾做過我等的父母，只不過在芸芸眾生當中，有些有情剛做我們的父母，而有些則在億萬劫前，所以緣分的深淺不同。經論所說的三種人，指的是今世的業緣，並非無始以來。

總而言之，當我們了解業果和因果不爽的道理之後，就不會埋怨老天不公平了。因為我們明白，所有事情的發生都有它的前因後果，而因為眾多的因緣聚合，才會產生各種愉快或悲傷的事。每一件事情都是事出有因的，因為眾多的因之中，有很大一部分的因是由自己的業所造成。所以追溯源頭，我們應該問的是自己，而不是責怪上天。

了解真相，除了降低對外在的埋怨之外，更可以轉換追求離苦得樂的態度，化被動為主動。因為理解業果的關係，所以我們更清楚幸福是從心靈而來，而非來自於肉體或者是物質，也因為對因果的理解，我們會更積極追求幸福，也更能洞悉事實的真相。

學佛的第三個理由——前後今生，停止累世造業、不由自主的生死輪轉

第十三品　靈魂與心識究竟存不存在？

世間到底有沒有一個非人腦的意識存在？這裡所說的非人腦，是指一般人常說的「心識」（mind）。心識的存在與否，一直是科學家們爭論不休的議題。

科學對於心識所知極少

早期人類的歷史相信有心識、靈魂的存在，而心識與靈魂並不是人腦。但隨著科技的進步，越來越多科學家相信人的心識就是大腦。我們的大腦就像一個控制台，藉由感官神經的傳導，將所有訊息都傳到控制台後，再由控制台下達命令，讓身體做出各種動作反應。這也就是說，科學家們認為，除了人腦之外，沒有另外的心識存在。

按照這種說法看來，腦部的反應相當被動，因為人腦在下達命令之前，必須先經過感官神經獲取外在訊息後才會產生動作，無法自發性下達命令。於是，推論到底，我們會發現，相較於人心的複雜，人腦相對簡單了許多。

之前我曾經提到，在我觀修愛他心、批評愛我執的過患時，耳邊卻聽到「蔣揚仁欽善巧說，才能受到眾人喜」的聲音。但明明我是在批評愛我執的過患，愛我執卻在內心角落裡不斷告訴我：「蔣揚仁欽，你要把愛我執的過患說得好一點，這樣才會贏得別人的尊敬和喜愛喔！」如果腦完全可以代替心，那麼這樣的訊息是從我腦部哪一區發出的？

由此可見，用科學家的這種說法來解讀心識，實在太過表面、狹隘和膚淺，無法深入。

我的根本上師達賴喇嘛尊者曾經說過，「掉淚是因為我們遭遇感動或悲傷，但我們不能武斷的說『某個人落淚，是因為悲傷』。因為掉眼淚的原因也有可能是開心，並不是只有傷心才會掉淚。我們不能單就結果就對人的情緒下定論。難道要說左眼落淚是悲傷，右眼落淚是開心嗎？」

所以，我們也不能單純因為科學家尚未證實其現象，推斷心識或靈魂不存在。

佛教深談心識

近三十年來，達賴喇嘛尊者不斷與科學、醫學方面的專家們互相交流。一開始也有人曾警告他，說「科學是宗教的殺手」。但達賴喇嘛尊者回道：「佛陀說過，信奉佛教的人，不應該立刻相信祂所說的話，而是要先好好觀察，要如煉截磨金一般反覆驗證。既然佛陀給予了我們這樣的權利，就表示佛教是經得起考驗的。」

而不斷與醫學、科學方面專家進行交流的結果，雙方都得到了很大的收穫。科學家們證實了古印度哲學思想中，關於心理學的論述。

在一次與俄羅斯科學家討論的過程中，達賴喇嘛尊者提出了一個問題，他說：「身體的不適會影響心理層面，但有些時候，雖然身體處在舒適的環境中，卻只因為心理的胡思亂想，使好心情轉壞，甚至會影響到身體，產生類似噁心、反胃、顫抖等等的生理現象。」他問這位俄羅斯的科學家，「這樣的情形確實會發生嗎？」

這位俄羅斯的科學家承認，確實有這樣的情形發生，但以科學研究來說，這類情形其實不應該發生，因為感官都處於舒適的狀態，除了感官以外沒有心識，正承受壓力的「接收者」不應存在。

心理變化的過程是非常複雜的，如果我們只用人腦的運作方式去解釋所有發生的狀況，很多狀況就無法解釋得清楚了。

在佛教裡，又是怎麼看待心識呢？佛教的說法，認為心識分為兩種，一種是「意識」，另一種是「根識」。

根識指感官覺受，主要與五根有關，包括眼、耳、鼻、舌、身等，與人腦有密不可分的關係。但根識不能代表一切的心識。比根識更為細微的稱為意識，意識不需依賴感官神經，是可以獨立運作的系統，如果與金剛乘❶搭配，又將意識分為許多不同的層次。

在金剛乘中說到了「八十分別心」，又分為見、增、得、俱生原始之光明

❶佛陀的教法有八萬四千種，可區分為大乘佛法和小乘佛法，其中大乘佛法又可分為「波羅蜜乘」與「金剛乘」。金剛，梵文Vajra，是不能分開的意思，指智慧與方便兩者不可分。金剛乘又被稱為「密乘」。

等不同的粗細心識，分到俱生原始光明時，已經是非常非常細微的心識了，在第四空的意識當中，完全脫離了大腦的影響，與大腦沒有關係，不僅如此，甚至可以脫離大腦控制，在很細微的心識中，反過來影響大腦。

拙火現象證明心識確實存在

因為尚未被科學家證實，很多人不相信人腦以外有心識，但這個邏輯是不能成立的，因為科學家只是「沒有否定」，並非「否定沒有」！若要「否定沒有」，必須提出「沒有」的充足證據，進而否定其存在性。但是以現今的科學，只是尚未證實心識存在，我們不應以此為藉口而說科學家們否定了心識！

就像微觀世界中的量子變化是我們無法用肉眼看到的。肉眼最多只是「沒有看到」其變化，但非「看到沒有」其變化啊！因為其變化的存在與否，是無法用肉眼證實的，所以肉眼沒有權利去否定或確認變化。

不過根據佛教的邏輯學，若事物是可被肉眼所見，便可由「沒有見到」的因素而確定「見到沒有」。就像如果有隻大象在面前，大象的存在又是可被肉眼所見，我們便可由沒有見到大象的理由，去確認大象的不存在。這就是佛教量學中的「可見不可得因」。

科學與佛教在大腦和心識之間的看法不同，就像中醫與西醫對於疾病的看法不一樣。

對熟悉中醫治療的華人來說，這個舉例可能更容易理解：即使對於同一種疾病，中西醫在認知和治療上經常有不同的差別。雖然西方醫學近年來逐漸承認中醫的治療方式，但多數西醫還是根深柢固的認為，西方醫學才是真正的治療，中醫療法經常只是以訛傳訛、誤打誤撞。但中醫則覺得，中醫著重治本，而西醫則是治標，有些病情必須到表面浮現出異狀之後，透過西方醫學儀器檢測，才能看到病灶。

例如中醫理論常常聽到的火氣大、上火等現象，病患雖然可以感覺得到身體上火，但西醫檢測卻不一定能夠查出異樣。可見以科學儀器檢測身體是很表面的，底下隱藏的變化不一定能被發現，如果只以科學檢測的結論去解釋心識的狀態，會有偏頗的疑慮。

以意識來說，粗分的意識和細微的意識會相互影響，有幾個例子可以說明這種現象。

藏文中有一個名詞叫做「拙火」，就是典型透過細微心識的運作來影響身體的體溫，運作方式完全透過冥想。西方科學家很難解釋這種現象，但佛家早已給出解答：心和體內的氣是相互依賴影響的，如果心代表人，那麼氣就好比人所騎乘的馬，心運行到哪裡，氣就運行到哪裡。透過冥想改變體內的氣，再由氣提高身體的溫度。身體的四大地、水、火、風，是由風的轉動帶動火氣更為旺盛。

拙火不是天方夜譚，在哈佛大學的校刊《哈佛大學校報》（*Harvard gazette*）中曾經發表過一篇名為〈冥想改變了體溫〉（Meditation changes temperatures）的研究，請了一位西藏喇嘛，全身貼滿探測線路，讓他待在低溫的房間中，透過冥想，西藏喇嘛把房間的濕布給烘乾了。

科學家無法探測證明的持心法實例

第二個例子是「持心法」。所謂持心法，是指人在死亡的過程中，心識不斷分解，最終令心安住在最細微的光明狀態中，令心持道。佛教典籍中針對死亡過程所產生的不同現象做出說明，而修行者每天都會練習死亡的過程。以我的根本上師達賴喇嘛尊者來說，他每天都會觀修死亡數次，這種訓練就像是在戰事未發生前實行軍事演習一樣。

在死亡的過程中，心識會從粗分慢慢分解到最細分，這當中每個階段都會看到不同的現象。修行者透過典籍所教導的死亡過程冥想。在死亡階段看到任何現象，都不用感覺害怕。當最細微的意識原始光明生起的時候，修行者知道自己處在最細微的意識中，會藉由最細微的意識去緣取空性，讓心定在空性中並轉為道用。這麼做，心會留在體內但不受腦部的影響。當修行者處於這種情況時，醫學雖然判定他已經腦死，但因為最細微的心識還停留在體內，所以身體不會腐化。

這並非穿鑿附會之說，二〇一一年，紐西蘭有一位西藏喇嘛圖登仁波切

（Thupten Rinpoche）於五月圓寂，依照當地法令，人死亡後不能將屍體留在家裡，但弟子們知道圖登仁波切正安住在持心法之中，以通俗的講法來解釋，就是靈魂尚未出竅。

相關單位派出醫生確認仁波切已經腦死，但奇怪的是，雖然室內並未因為保存屍體而刻意降低溫度，但仁波切的屍體沒有腐壞的現象，毫無屍臭味。衛生局的人員反覆勘驗，甚至達到了數週之久，此一新聞在當地相當轟動。

另一個關於持心法的例子，發生在二〇一六年的五月底。當時，曾任職於達賴喇嘛辦公室圖書館的一位僧人慧法圓寂，享壽七十八歲。他不是眾所皆知的知名高僧，只是一位非常謙虛、默默耕耘的出家人，向來行事低調。

五月二十八日是星期六，那天早上慧法師父起床後突然睜大眼睛，望著牆上掛著的達賴喇嘛尊者法相，大約十五到二十分鐘左右，他停止了呼吸。但在這之前，慧法師父並沒有任何身體病痛。

尊者在得知消息後，要求大家不要移動慧法師父的身體，免得影響他，盡量讓這位僧人能夠住在持心法中越久越好。慧法師父圓寂的位置是下達蘭薩拉，當地五月的溫度大約是攝氏三十三度左右，在這種溫度下，一直到五月三十一日為止，四天之中，慧法師父始終保持端正的坐姿，房間裡也完全沒有屍體的臭味。

我的上師和慧法師父是非常要好的朋友，得知好友過世的消息，他立刻帶領幾位僧眾為慧法師父修法。

四天後的五月三十一日是星期二，換算成藏曆是四月二十五日，依照西藏的習俗，這一天是勝樂金剛的重要日子，空行母會在這天來到世上，喚醒安住在光明中的修行者，並迎請這些修行人前往莊嚴淨土。

上師在替好友修完法後來到我的房間，和我談起慧法師父過世的事情，並告訴我，慧法師父很有可能會在今天被空行母給接走，意思是說，他將在這一天真正死去。

我不解的問上師，「空行母為什麼要把好好安住在光明當中的修行者喚醒呢？」

上師告訴我，在大乘佛法的教法當中，利益眾生比安住光明更為重要。話語剛落，便接到電話通知慧法師父已經往生。上師匆忙趕過去探視，只見慧法師父的屍體已經不再端坐，而是歪倒一方，鼻孔處出血，而房間裡立刻瀰漫出屍臭味。

達賴喇嘛尊者曾說，自從一九五九年流亡至今，已經有超過四十件類似慧法師父這樣死後安住持心法的例子。過去三十多年來，他在不斷與科學家交流的過程中，也曾提及持心法的修持。可惜科學檢測儀器搬運不易，有檢測儀器時，沒有人安住持心法，但有人安住持心法時，科學家和儀器又不在……經過討論後，這些好奇於持心法的科學家們，將一套完整的設備存放在下達蘭薩拉的得樂醫院（Delek Hospital）中。

二〇〇八年十二月，我在哈佛的一位同學安迪．法蘭西斯（Andy Francis）參與了持心法的研究。我問他，科學檢測到底有沒有什麼特殊的發現？他說，在一次檢測過程中，明明人已經死亡，腦部貼滿探測電線，無法探查出腦波的反應，但奇怪的是，那個房間中不但沒有屍臭味，甚至還飄散著一股香氣，這是他們始終無法透過儀器和科學去理解和解讀的疑惑。但是在佛教經典當中，對此問題早已有了完整的解釋。

從似曾相識與前後今生案例，顯見心識複雜

另外一個我想討論的議題是「déjà-vu」，中文翻成「似曾相識」。很多人應該都有類似的經驗：現實生活中發生的事情，竟和幾年前夢境當中出現的情形一模一樣。這表示細微心識有預知未來的能力，更貼切的說法是，我們能夠夢見未來將要發生的事，不只相似，甚至是一模一樣。

在我還沒來達蘭薩拉之前，曾經在台灣夢見過父親、我和前任辯經學院的校長三人一起站在某座階梯上，我清楚記得三個人站立的位置。後來有一天，當我們三人站在那座階梯上的時候，我猛然驚憶起自己曾經做過這樣一個神奇的夢，就連夢中的溫度和氛圍都清楚記得，甚至校長與我父親談話的內容，也完全與先前夢境中一模一樣。

在哈佛第三年、第四年的時候，我開始教授藏文。課堂上，我問學生是不是也曾有似曾相識的體驗？大約八成左右的學生都曾有過類似的遭遇。從這一

點就可以知道，佛教中說我們的內心都有一種了知事物的能力，當這種能力鍛鍊得越來越細微的時候，知覺就會極為敏銳。因為夢中的心識非常細微，能啟發我們更深層了解事物的能力，所以能夠看到未來，也就是類似於似曾相識、預知未來的能力。

有關前後今生的實例，美國有一位精神科學教授伊恩．史蒂文生（Ian Stevenson），曾任職維吉尼亞大學精神病學的系主任，他針對前後今生的問題，做過一項長期研究，自一九六〇年開始，就此一課題在學術界中發表許多論文。

他以非常科學的方式進行研究，尋找到一些具有前世記憶的小孩。從孩子口中說起前世經驗時，透過判斷或地名、人名的線索，到當地做深入研究，並且和這些小孩一起去他們口中的「前世父母」家庭進行拜訪。一九九六年他出版《二十個轉世的案例》（*Twenty Cases Suggestive of Reincarnation*），這本書也是《轉世研究年刊》（*Annals of Reincarnation Research*）必須參考的典籍。

史蒂文生教授的研究，早期主要針對亞洲小孩，因為此類前世記憶案例大多來自亞洲，在歐洲較少聽到相關的消息。這主要是因為歐美父母在聽到小孩談起前世時，經常將之認為是童言童語而不以為意，父母親本身也沒有前後今生的概念。但後來他在歐洲也發現了不少例子，所以在二〇〇三年又撰寫了《歐洲人轉世的案例》（*European Cases of the Reincarnation Type*）。

這些研究書籍都以非常科學的方式去記錄前後今生的個案，而這些個案也說明了，光用人腦的功能去解釋心識，只能發現部分的表面現象，其完整性尚有待商榷。

第十四品　唯有學佛能夠終止不由自主的生死輪轉

從一開始我就點明，離苦得樂、因果不爽、前後今生、緣起性空，是學佛的四個理由。為了要離苦得樂，所以必須了解什麼是樂因、什麼是苦因。

如果人沒有前後世，那麼想要此生活得順遂，只要存著良善之心，做個好人，追求今世的快樂，遠離痛苦，平平安安度過此生就足夠了，沒有什麼理由一定要學佛。

但就因為人有前後世，所以情況大為不同。

因為有前後今生，所以才要學佛

以佛家的觀點來看，人並非由某個造物主所創造。假設人有無數個前世，那麼人類的前世是從無始以來一直輪轉不停。如果這種漫無目的的生死輪轉沒有終結的一日，我們應該慎重考慮，想辦法結束這樣的情況。因為如果不解決漫無目的的生死輪轉，用佛家的解釋來說，就是死後隨著業和煩惱，不由自主又進入下一世，就如同大海中的扁舟一般，無法掌控自己要去的方向。

之前說過，以人腦的力量是無法概括心識的。可見心識細微的程度，甚至可以脫離人腦的運作，所以心識也是因緣聚合之後才形成的。既然人腦和心識可以分離，可見心識的近取因和人腦的近取因不應相同，理由是因為人腦與心識的性質不同。我們都知道，人體和腦部是由父精母血結合而成，所以心識的因不應該只來自於父精母血，而是來自於其他的因緣。早在父精母血結合的那一剎那，就應該有心識的存在了。

因為心識必須由與它相近的因緣才能產生，所以如果不是來自於父精母血，那應該是之前留下來的意識。

於是佛家以這樣的邏輯來推論：在這一世的心識存在之前，應該有另一個心識的存在。法稱菩薩在《釋量論》裡面提到：「非識則非識，親因故亦成。」祂的意思是說，沒有識的屬性、所有非識的因緣不可能成為識的近取因。因為想要得豆必須先種豆，所以如果要得識，必須要由與識相同的因緣才能產生，又因為非識的所有因緣不可能成為識的近取因，因此我們可以推論，每個心識之前都有與識相同的前因——之前的心識。如此追溯下去，找不到第一個心識，因為心識不可能無因而有，又不成立造物主，所以，心識是沒有開始的。有形色的色法無法轉為無形色的心識，在我們先前說明近取因本質的時候就提到過，因的本質透過時間慢慢轉變成心識，稱為心智的近取因，而一切有形色的色法無論再怎麼轉變，都不可能變成心識的性質。

在一次與科學家對談的會議上，我的根本上師達賴喇嘛尊者曾問科學家：「在一切正常的狀況下，健康的精子與卵子處在子宮中，是否就一定會受精成為嬰兒？」對方的回答是不一定。因此達賴喇嘛尊者說：「要想讓受精卵轉變成新生命，必須有第三因緣的存在。」佛家說「結生」需要有三大因素，分別是指父精、母血和之前的意識。當前世的意識隨著業與父精母血結合之後，就成為了後世。

看不見前後今生，但不能說它不存在

當我們用眼睛去看一樣東西，不只是看到事物的形體，也在腦海中留下印象。有些時候人因為心不在焉，即使看到了東西，卻沒有在腦海裡留下任何記憶，形成一種「有看沒有到」的狀況，還有一種情形是當人在睡覺的時候，旁人撥開眼皮，雖然眼球看得見，但因為大腦處於沉睡狀態，什麼也看不見。

以佛教的觀點解釋，人之所以能夠視物也是由於三種因緣聚合，一個是「所緣緣」，也就是當我們注視瓶子的時候，首先現實中要有瓶子的存在。接下來人必須要有一雙功能正常的眼睛，我們稱此為「增上緣」。但只有瓶子和眼睛，也不一定代表人能夠正常看見事物，這時候還需要有「等無間緣」。

什麼是等無間緣？眼睛看到物體，不表示腦子會記住所見的事物，要想把所有看見的都記在腦海中，還需要意識做為助緣，也就是集中注意力。當所有因緣都聚合，我們才能將看到的事物記憶下來，這三緣缺一不可。

我為什麼要在此做眼識三緣的說明呢？因為很多人經常陷入「看見沒有」等於「沒有看見」的迷思。

世間很多科學家，因為沒有看到前後世的存在或實證，於是全盤推翻前後今生的論述。但這些人之所以推翻，並不是因為確切證實了沒有前後世的存在，而是因為沒有看到，所以認定不存在。如前所說，這種邏輯是不通的。沒有看見跟看見沒有之間，存有非常大的差距。看見沒有，必須是透過長時間的研究，否定其存在性。但在前後世的議題上，科學家只是沒有辦法證實有前後世的存在，但不能表示前後世不存在。

再者，關於心識方面的研究，因為心識沒有形體，沒有辦法用數據或者是機器來證明，再加上心識本身又非常細微複雜，因此在研究上想要獲得確實的證據，有相當的難度。

關於沒有看見和看見沒有的問題，在佛教裡有特別提到兩者的差別，因此我想在這裡加以解釋。很多人因為科學家沒有看見，於是輕率下定論，認為沒有前後世的存在，卻不了解在科學實證的狀態下，關於此項研究，只是處於無法證明有前後世存在的狀況，但不代表已經證明前後世不存在。

累世的串習力令人困於愛我執中

根本上師達賴喇嘛尊者長時間和科學家交流，發現二十世紀末到二十一世紀初期，在科學研究上，對於人腦的解釋與往昔有了極大的變化。這段期間，科學研究著重人腦的可塑性，也就是透過長時間單一訊息的接收及大環境的因素，大腦自然生成腦細胞，影響人的情緒。

換句話說，這項研究結果表示了，人腦可以透過禪定訓練獲得改變。隨後許多科學研究逐漸發現，人腦還可以透過第三因素獲得改變，而這第三因素包括冥想、悲心的觀修。

我十二歲時來到印度，學了一年的藏文，接著開始接受佛法的訓練。從十二歲起在辯經學院跟隨前洛桑校長和前壇確校長，以及十五歲起跟隨根本上師達賴喇嘛尊者及眾多上師的教誨，師長們時常向我們講述愛他心的重要以及愛我執的過患。對我來說，這些教導就是科學家所提到，改變人腦的大環境因素。

而在辯經的過程中，我們會反覆不斷提到愛他心為什麼如此重要，而自無始以來，愛我執就是我們的仇敵……

我今年四十歲了，算起來，從十三歲開始接受愛他心的薰陶，至今也有二十七個年頭。如果人腦具有可塑性，那麼長期接受愛他心教誨的我，應該有所改變，我應該一天到晚時時刻刻都心存愛他心，然而事實上並非如此。

老實說，我自己覺得，內心中愛我執的力量還是非常強烈，而愛他心卻很微弱，而且糟糕的是，愛我執是自然而然就會現起，但愛他心卻要經過非常大的努力，必須刻意去想，才能產生出一點點的力量。

為什麼已經接受二十七年愛他心練習的我，在沒有刻意練習愛我執的狀況下，時時生起的是愛我執而非愛他心呢？如果按照大多數人所說的，人只有一世，沒有前後世的影響，為什麼二十多年來對愛他心的觀修，卻經常敵不過十三歲之前自然而然發展的愛我執呢？這不是很奇怪的事情嗎？

佛家對於這樣的現象，有非常合理的解釋：人有前後世的存在，但因為我們從無始以來，沒有遇到大乘善知識，所以不知道愛我執會對自身造成傷害。想要遇到大乘善知識，必須要有非常大的福報，還要加上因緣聚合才行。就算有幸遇到大乘善知識，但能不能受教於它，又得另當別論。

像現在觀音尊者來到世間，雖然很多人都聽聞其名諱，但是否願意向祂學習教法又是另外一回事。就算願意接受善知識，但能不能將所學落實於生活中，認真改變自己，也是另外一回事。

因為無始以來，我們無緣接受愛他心的訓練，只相信自我保護才是對自己最好的生活方式，這累世的串習力實在太強烈了。此生我有幸能從十三歲開始接受愛他心的訓練，卻很難從根本改變愛我執的習氣。這件事情從佛法的角度來討論，可以得到非常圓滿的解釋，但如果換成以科學角度思考，則很難有合適的說法。

雖然科學研究說明，透過第三因素是可以改變大腦的慣性，但我還是很難逃過愛我執的摧殘。由此可見前世確實存在。

每一個起心動念，都將形成影響後世的業

一旦理解有前後世的存在，人就會非常謹慎。因為每一個起心動念，無論是善是惡或是非善非惡，都帶有影響後世的能力。事實上，多數時候人的起心動念經常是想從外在、從別人身上取得好處，在貪念生起的時候，我們經常忽

略了別人為此會受到多少傷害，而處於自私自利、只要我過得好就好的心態中，無法顧及其他。

而業的影響力有多大呢？我在辯經學院讀書時，前洛桑校長曾告訴我，即使面對同一件事情，每個人都有自己的好惡、想法，其中的差別，與個人的業有關。就拿我來說吧，我對花朵沒有特別的感覺，無法感受花的美麗，但我很喜歡樹木，看到樹就心生歡喜。即使是這樣談不上善惡的喜好，也與業有密不可分的關係。

人到了臨終的時候，因為業風的緣故，會看見許多幻象。有人在臨終時因為感覺寒冷，看見狗皮大衣的幻象，覺得那是真實的大衣，穿上就能帶來溫暖，因此非理作意與「溫暖是真實」的執著相互作用，於是對那件幻象的大衣產生了非穿上不可、非得到不可的貪念，但他一旦穿上幻象的狗皮大衣，貪滋潤其業，中陰生就會變成狗的模樣，來世就轉為狗身。長期串習空性不起煩惱的阿羅漢們也可能會隨業力看到狗皮，但因無真實執著，不起非理作意，其業不被煩惱所滋潤，所以不受業及煩惱的輪轉。

一旦轉生為狗，就會面對為了生存而要爭奪食物，甚至傷害同類……這種念頭哪怕瞬息產生，也成了新的業，從此業出發，又連帶產生無數個業。想除盡這些業，不知道得花多大的心力去懺悔？這也是輪迴的可怕之處！一生好比一個債務，在此生尚未結束之前，即便只是今天當下的這個小時，我們隨著自性執著產生了多少念頭、簽下多少個將來還要隨業與煩惱轉世的合約。一個債務尚未還清之前，又無止盡的簽下了無數的債務，這就是輪迴啊！

回頭來看，投生狗道這件事情的出發點，可能只是單一一個起心動念的業所感的果。可見我們此時此刻、今天明天，任何一個起心動念，都等於種下許多業的種子。

而投身在人道的我們，都會經歷出生、爬行學走、牙牙學語、上學、畢業、工作、成家立業、退休到死亡的週期。以一生來看，所有的經歷都是單一的，但如果有無數前世，等於這樣的週期反反覆覆發生了千百萬次。今生的父母可能因為業緣的關係，來世成為我們的子女；前世的朋友卻可能因為業的關係，今生成為你我口中的佳餚；今生最痛恨的仇敵，來世卻可能成為你的父母，這就是輪迴的殘酷之處。更何況，雖然有六道輪迴，但大多數時候，我們都是隨著惡業輪轉，能夠投生到人、天、阿修羅三善趣❶的機會是少之又少，事實上，大部分的人都是往畜生、餓鬼和地獄而去。

當我們對於前後今生與輪迴有了整體的認知，就像是從高處俯瞰輪迴的過程，心中難免感慨萬千。今生當我們遇到大乘善知識就該珍惜機會，好好學佛，盡可能不要被愛我執所控制，努力不造惡業，而面對業與煩惱時，更要發起解決問題的心力，努力終止無止盡後世輪迴，不隨惡業繼續輪轉。這是為什麼我一再強調明瞭前後今生的重要性。

❶善趣，梵語為Svarga-gati。謂由善之業因而趣往之所在，即指天界等。又稱善處、善道。

第十五品　正信學佛，不走外道

學佛有內道、外道的區別，但什麼是內道，什麼是外道呢？以佛家的觀點來看，所謂內道是指進入學佛之門，走上修行的道路，除此以外的其他修行方式，都稱之為外道。

那麼，既然都是道，為什麼我們還得先區分內道與外道之間的差異？因為如果不先區分清楚，很容易認錯。例如我們因為理解因果不爽和有前後今生的道理，所以渴望離苦得樂，但許多人也都理解因果不爽和有前後今生，可是他們會因此而去學佛嗎？答案是不一定的。譬如有些婆羅門教也主張要離苦得樂，也知道因果不爽的道理，也相信有前後世的存在，卻不走佛教的法門。

而且，許多人雖然自稱是學佛者，但所學卻是外道的理論，或是分不清楚內道與外道之間的差異，甚至看似學佛，其實對佛教並不了解，偏差的接受了外道的教法。這種狀況舉目可見，例如很多人遭遇不幸或坎坷，經常會抱怨，「為什麼上天這麼不公平！」但這句話不該出於佛教徒之口，因為佛教是否定造物主的存在，也否定造物的上天，一切都與自身的業果有關，何來不公平之說？

所以在討論緣起性空之前，我們一定要先釐清內外道的差異，從開始就確認正確的學佛方向。

有些外道僅靠禪定對治煩惱

在佛陀誕生之前，藉由古印度的禪修——奢摩他❶及毘婆舍那❷——暫時不會現起欲界煩惱，令自己投生色界及無色界天。這派古老的印度修行者主張，所有人都想要離苦得樂，卻被煩惱所苦，於是這些煩惱成了我們痛苦的根本。因此想要離苦得樂，就必須去除內心的煩惱。而他們主張去除煩惱的方式是：煩惱來自五欲——色、聲、香、味、觸。只要不去緣取，收攝內心，令心專注，不再緣取貪瞋等境，便能去除煩惱。

不過以佛法的觀點來看，這種方式更像是轉移煩惱的焦點，並非直接對治煩惱，就像是閃避仇敵與消滅仇敵之間有著極大的差異。這一派學說和佛家透過空正見與禪定結合的做法之間，最大差異在於，非佛教的無神數論派認為：只要透過禪定的力量，便可除去煩惱。藉由奢摩他及毘婆舍那的觀修，便可逐漸投生到離欲的色界或無色界。該派主張，煩惱並非來自我執的顛倒概念，所以對治煩惱的方式更不應採用無我的智慧。佛家深信，一切煩惱源於我執的錯覺，最終只能以無我慧與三摩地的結合斷除。沒有智慧斷不了錯覺，缺乏三摩地將無法長久持續其無我慧。

到底什麼是奢摩他和毘婆舍那？奢摩他是讓心專注去緣某個境，這個境可能是佛像或數息。以密宗來說，所緣的境就是「光明心」。而外道，特別是印度婆羅門教，他們所緣的境會以大自在天王或其他本尊以及氣、脈、明點……總之，就是要設定一個需緣取的境，讓內心無有散亂，持續專注在一個對象上。為了要讓我們隨時保持正念正知，當內心偏離所緣境時，就必須靠著正知

❶ 即禪定，以專注的力量安定身心，獲取了身心輕安之後，能隨心所欲的進入三昧的修行之法。

❷ 即內觀，在獲得奢摩他的基礎之上，再以智慧來周遍觀看，由觀力獲取了身心輕安之後，隨心所欲的遍觀其心所緣之事。

正念將專注力拉回。

掉舉及沉沒是修禪的兩大障礙

佛家觀點中有「九住心」的論述，這在外道也有類似的修禪方式。只將專注力放在所緣的境上是不夠的，還必須是在精神很好的狀態下，將注意力清楚集中在所緣境上。但有的時候我們的內心會產生「掉舉」❸散亂，另外還有初分的沉沒❹會讓人昏睡，我們稱為「昏沉」。

在禪修時昏沉，沒辦法幫助我們獲得奢摩他，而內心鬆弛、沒有精神的狀態下，也不能獲得奢摩他，因為在這當中存有非常細微的沉沒。

掉舉和沉沒是修禪定的最大障礙，禪修時內心起伏過於高舉，處在亢奮的狀態，就容易產生掉舉，無法專注在一個境上，容易分散注意力；但內心狀態過低，又容易昏睡，內心鬆懈，無法像磁鐵一般，將注意力專注在一個點上。

通常，一般人的專注力可以持續十五到二十秒左右。如果所緣的境是一個盛水的杯子，當注意力從杯子轉移到杯中水後，注意力就開始分散，原本要緣杯子的境，但看到杯中水就會忍不住想，水是否有味道？於是又從味道聯想到甜味，再從甜味想到糖，最後變成甘蔗……一路下來，專注力所緣的境從杯子變成甘蔗。如果平時有做觀修練習，透過正念正知，就能將散亂的注意力拉回來，再次專注於裝了水的杯子。

經過練習，可將原來只能維持十幾二十秒的專注力，慢慢進步到十至二十分鐘，之後專注的時間會越來越長。佛法理論中有詳述九住心禪修的說法。關於九住心的禪修細節，在蓮花戒大師的《修次中篇》以及宗喀巴大師《菩提道次第廣論》中有詳細的介紹，除此之外，達賴喇嘛尊者在講述菩提道次第廣論的《覺燈日光》中，奢摩他的章節也有提到，以上幾本著作提供有興趣的法友參考。另外，成辦九住心的細節，在《佛法科學總集》中解釋得極為詳盡。

達賴喇嘛尊者在修禪的過程中一再強調要特別小心細微的沉沒，因為很多

❸ 指原本心應該專一安住，但忽然擾動不安、難以寂靜。

❹ 沉沒是形容心力下沉，嚴重的話會現出昏沉、闇昧的心態；細微的話會令心識沒有精神，呈現鬆散的狀態。

修禪的人不知道細微的沉沒是一種障礙。該沉沒會讓修禪的人誤以為自己長時間專注在所緣的境上，但因為沒有注意到細微的沉沒，阻礙智慧的增長，導致修行人越來越愚鈍。

我們可能都看過身邊有些人修禪多年，卻越修越笨的例子，這是因為修禪時尚未發現細微沉沒作祟，長期串習細微沉沒所導致。加上咒乘提到「心氣為一」的理論，心到之處也是氣到之處，心調伏，氣也會跟著調伏，藉由氣的調順，讓身體裡面粗重的氣一起被調伏。這裡所說的「粗重為性」，是指當我們行善的時候覺得意興闌珊，但去吃喝玩樂時就精力充沛的感覺。一旦這種粗重為性的氣被調整之後，身體就能夠獲得輕安，令身行善無有障礙。

輕安分成兩種，「身輕安」是我們用身體去行善但不覺得疲累，而「心輕安」是心透過長時間的調伏獲得定力。在未調伏時，我們的心被掉舉和沉沒所控制，但透過修行，心可以專注在所緣的境上，隨心所欲的控制專注時間的長短，毫不費力，進而獲得心的堪能，讓心在行善法時不疲憊。

到了第八住心時，入定前，內心如果對所緣的境規畫時間長短，在心無雜念專注在所緣的境上後，能依所計畫的時間出定。像是入定前，想著：「我要緣這尊佛像六個小時。」僅憑這種想法及平時修練的禪定，便能於六個小時內專注於佛像，絲毫不散亂，保持良好的精神狀態，而且六個小時之後，不需他人或鬧鐘的提醒便能自動出定。

但到這個時候為止，修行之人尚未獲得奢摩他。

獲得奢摩他後的身體輕安有如棉花一樣輕盈，即使看到對面的高山，也覺得似乎可以輕巧而毫不費力飄過，產生這類覺受。奢摩他是透過定力獲取身心輕安之後的禪定，毘婆舍那則是透過觀察力獲取身心輕安之後的智慧，當兩者都能獲得的時候，就稱為「止觀雙運」。

外道的修行最終仍難免墮入六道

止觀雙運不是佛教的專利，外道也有同樣的說法。印度的外道獲得止觀雙運之後會以「上界為靜，下界為粗」去獲得初禪近分及初禪正行。上界——初禪天——是寂靜處，而現在的所居處則是欲界。欲界主要是靠外在的色、聲、香、味、觸來去生活。我們的心一直要緣取外在的五欲，欲界的煩惱為粗分，因此有了「上界為靜，下界為粗」的說法。離開欲界到了色界初禪天就能遠離緣取五欲的煩惱，相對來說，此時雖然煩惱尚存，但煩惱是寂靜的。

辯經學院前洛桑校長曾說：「如果一個人獲得初禪，外人看他和阿羅漢一樣，幾乎看不到對方的煩惱，因為初禪未衰退前，欲界煩惱不會現起。」獲得奢摩他和毘婆舍那還不能說這個人已經獲得初禪，在獲得止觀雙運到初禪階段，還有幾個步驟要走。

以外道的修持者來說，他們最主要是以「上界為靜，下界為粗」的觀想方式，再搭配止觀雙運來斷除欲界的九品煩惱。但這種方式只是暫時將煩惱壓制，並未斷除其根本。欲界當中分上品、中品、下品，下品又分下下品、下中品、下上品；中品又分中下品、中中品、中上品；上品又分上下品、上中品、上上品等一共九品。當這九品的煩惱都斷除的同時，才獲得初禪的禪定。

在獲得止觀雙運之後、初禪之前的階段，稱為「初禪近分」；獲得初禪之後，我們稱為「初禪正行」。

欲界的眾生處在欲界，會感覺到欲界煩惱過於粗猛。要能斷除欲界的煩惱，就要透過修禪的方式，將心安住在一個境上，透過奢摩他、毘婆舍那再搭配「上界為靜，下界為粗」的方式，慢慢調伏內心。獲得初禪的時候會覺得煩惱完全斷除，如果這個人處在欲界，而臨終前他的初禪沒有衰退，在初禪未衰退的時候死去，初禪強大的定力會去滋潤未來投身初禪天的業，死後一定會投生在初禪天當中。

投生到初禪天時，因為初禪定的緣故，五欲的煩惱暫時被壓制，此人會覺得已經沒有煩惱，但經過一段時間，因為出現的境有好壞之分，會讓初禪天的天人緣取現前的境而產生煩惱，因為就佛家的觀點，只要有執取好壞的自性就有產生煩惱的基礎。但外道初禪天的天人認為，執取了初禪正在緣取的好壞之境，便會產生煩惱，所以會去尋求內心更深層的收攝。於是再一次修學「二禪天為靜，初禪天為粗」的粗靜為相互禪定，以斷除初禪天的九品煩惱。

而這個初禪天的天人在臨終時，二禪正行沒有衰退的話，死後就會投生在二禪天當中。

在二禪天的時候，初禪天所發生的現象會再次現起，於是再度透過「三禪天為靜，二禪天為粗」的方式，讓自己投生到三禪天中。

但到了三禪天之後，時間久了還是會產生煩惱。雖然在三禪天的時候，緣取外在的五欲不會有煩惱的產生，但內心快樂的感受會讓他產生貪心。處在三禪天的天人內心會有快樂的感受。當他發覺快樂感覺不該生起，因為樂受是煩惱的起源，應該讓自己保持不樂不苦的捨受時，便啟動了「四禪天為靜，三禪天為粗」的禪修機制，再度對治煩惱。到了四禪天的時候，已經沒有任何快樂的感覺，而苦受中的苦苦在初禪天時就已經斷除，但樂受在初禪二禪三禪都還存在。在三禪階段，覺察內心快樂的感覺還存在時便會產生煩惱，為了去除貪欲而追求捨受；三禪天的天人在臨終時，若四禪正行未衰退，死後必定投生四禪天當中，只要四禪未衰退的話，便不會有壞苦——業和煩惱所帶來的樂受。

到了四禪天的天人，一開始覺得自己終於沒有煩惱了，但時間久了，煩惱還是會產生，因為此時仍會緣取有形色的物體，所以我們稱這個階段——初禪、二禪、三禪、四禪——為色界。所謂的色界就是有形色的色界天。

四禪天的天人會產生不去緣取任何色法，就能斷除煩惱的念頭，無色界天剛開始形成時也是源自這樣的想法，於是四禪天的天人觀一切如同虛空無有形色，依由這樣的觀修再加上上界——遍虛空天（又稱「空無邊處」）——為靜，下界——四禪天——為粗的禪修斷除四禪天的煩惱。

四禪天的天人在死前未衰這種遍虛空無色界的正行，之後就能投生到無色界當中的遍虛空天。到了遍虛空天後又發現，原來緣無形的東西還是會產生煩惱，於是他產生將一切往內心收攝不再向外——無論有無形色——緣取的想法，如此一來，就產生了遍意識天（又稱「識無邊處」）。到遍意識天時再度發現向內心收攝也會產生煩惱，於是他就產生了「乾脆觀所有一切都沒有了」的想法，無所有天（又稱「無所有處」）繼而產生。

即便什麼內外法都不去想，然而心念仍會持續，只要有心念，煩惱仍會產生。於是無所有天的天人產生了「但凡有心念，便會產生煩惱，乾脆讓自己不要有想法吧」的想法。在無可奈何的情況下，只好讓自己不再有任何意識產生，於是產生了「非想非非想天」，非想非非想天，是指沒有粗分的想存在。

因為只要有任何的想，都會產生煩惱，所以他盡一切努力去阻擋想的產生。

我們雖稱此界為非想非非想，但是實際上不可能完全遠離想，因為意識的續流無法透過禪定去永恆間斷，因此還是會有一個細微的想存在。「非想」是無粗想；「非非想」是並非完全無想。非想非非想天的天人在出生時會有一個粗分的念頭：我誕生了。要死的時候也會有一個粗分的念頭：我要死了。而這個從生到死中間所有的念頭，都屬於一種潛藏式的細想，並不會顯現出來。這中間以凡人眼光來看，是完全不想的狀態。

非想非非想天的天人壽命非常長，時間可以長達好幾劫。因為長時間不思考的緣故，非想非非想天的天人命終投生到人道時，會變成欠缺思考能力的魯鈍者。而且到達此天的天人，幾乎沒有繼續進修禪定的念頭，所以禪定必定退失，一旦壽命結束後，便會隨著之前的業力再次墮落六道。

以佛教觀點到了非想非非想天，無明並沒有斷除，真相尚未了解，意識去執取境的時候產生真實感受，煩惱就會產生。非想非非想天並不是最究竟的解脫，不能脫離輪迴，天人也會隨著業和煩惱有死去的一天，死亡現前的時候，內心對任何境產生真實執著，就會因我執產生煩惱，煩惱又去滋潤業，讓他再次投生輪迴。到達非想非非想天的天人已經沒有禪定的能力，所以不會想再修行禪定，此刻的天人只是延續先前修禪的能力而已，因為沒有再精進，會使得他再度投生到欲界，若回到欲界，通常會變成完全不具思考能力的眾生。

佛教的最重要特點在於「無我」

以佛家的觀點來看外道修行的方式，還是無法脫離三界的束縛，從這裡我們得知緣起性空的重要。而與外道不同的是，佛法的最大特點就是無我的概念，因為煩惱來自我執，斷除我執才能斷除煩惱。

在宗義的見解上，外道和內道最大的差異在於無我。

印度外道所說的身心以外，必須有一個我的存在，所以我是獨立個體，身心和我兩者是可以分開的。而以佛法的觀點來看，這種透過宗義或理由而產生更強烈的我執，稱為「遍計我執」；無始以來，自然而然發起的我執稱為「俱生我執」。外道認為身體以外有一個獨立個體的稱為「我」的存在，而這個我的本身遠離了無常的身體，所以「我是常」；身體有很多的支分，但這個我沒有，所以我是獨立的個體，「我是一」；身體會受到因緣的變化產生生老病死，可是這個「我」卻不會受到任何因緣的牽絆，是獨立自主的。而說到常一自主的我是外道的主張。前世到今生、今生到後世的並非是身心，而是「我」。

現今世界上主流的宗教都認為有造物主的存在，認為有造物主存在的見地，也就是認為有常一自主的體性存在。佛家說的無我，是指不認為有這樣的我存在。有人告訴我，說中國古代的老子也主張無我。但老子主張的無我就本質上來看與佛法不同，老子所說的無我是指天地萬物合而為一，天地共生，並非明確否定了身心之外的我。這種無私無欲的境界，和佛家所說「沒有常一自主的我」，兩者之間仍有極大的不同。

了解理論、皈依三寶，才是真正的佛教徒

再來，我們就要把佛教宗義者和佛教徒兩者之間的不同加以區分。

佛教宗義者是指三法印或者是四法印（漢地佛教多為三法印，藏傳佛教則是四法印）。所謂四法印是指：諸行無常，諸漏皆苦，諸法無我，涅槃寂靜；而三法印則是指：諸行無常，諸法無我，涅槃寂靜。

在經過深思熟慮之後產生的見地，在自己的哲學觀點中比較認同佛教理論者，我們稱為佛教宗義者，但這樣的人不能稱為佛教徒。而如果認同三法印或者是四法印的觀點，進而相信佛陀是我們的導師，同時相信法才能讓我們解脫，僧能協助我們解脫之路，如是皈依、禮拜三寶，才能稱為佛教徒。

所以佛教宗義者並不一定是佛教徒，是否為佛教徒，以有沒有皈依三寶做為區分。我認識一些自稱是佛教徒的西藏人，他們會告訴你，佛創造了我們，這表示他的見地有誤，因為他認為有常一自主的本性，又不承認諸法無我的存在。雖然此人皈依三寶，是佛教徒，但並非持有佛教的見地，並非佛教宗義者。了解佛教徒和佛教宗義者之間的差異後，我們會發現，所謂學佛並非兩者取一，而是兩者都學習，先了解宗義，然後產生信仰，才能稱為佛教徒。

如果先有信仰，然後才產生宗義，這樣容易迷信。以這類方式皈依三寶者，多半會靠感應來相信佛法。現代人很容易沉迷於神通感應之說，完全遠離那爛陀寺的傳統。那爛陀寺的學佛傳統首先是以客觀的方式，反覆觀察佛法的宗義，進而產生信心，最後皈依三寶，這才是上根者學佛的方式。

下根者的方式偏於迷信，雖然也會學習佛教的宗義，但如果只靠神通感應而不學佛教的義理，那是非常糟糕的事情。透過這一品的解說，除了希望讓大家更了解學佛的理由，也希望讓已學佛者更加深入、了解佛教學說的核心。

學佛的第四個理由——緣起性空，用智慧之眼，看透世間無所不變

第十六品　世間煩惱皆出於「我」？

就我學佛至今的理解，佛家和古印度外道最大的不同在於，佛家認為煩惱的來源，除了對真相的不了解之外，還有對於真相的「顛倒了解」。我執就是這種根本的顛倒了解。

我執可說是所有煩惱的根本，如果想要斷除我執，必須先對真相究竟有透澈的認知。而什麼是真相呢？真相就是無我。在這一章中，我將要說明到底什麼是無我？而無我中的「我」究竟是什麼意思？

面對美少女該修白骨觀或不淨觀？

大家都知道，佛教本身有許多宗派，而各宗派對於無我有各種不同的解釋，但基本上的理路是一樣的。各派都知道，為什麼會生煩惱，主要來自對真相的顛倒執取，如果對真相沒有究竟、全面的理解，再深厚的禪定力也動搖不了煩惱的根基。

佛教中的毘婆沙部、經部、唯識和中觀四部宗義一致認為，無我的概念是打開解脫大門的鑰匙。煩惱一旦被斷除，就可以斷除生死輪迴了。人因為煩惱所造的業，使得人落入輪迴，投生到後世，而同時煩惱也創造了一個適合業種子生長的環境。

比如說，如果一個人在臨終的時候沒有絲毫的煩惱，不論他在臨終前造多少業，業都不會成熟，如此一來，投生到後世的業種子就也不會成熟，人便可以從煩惱中解脫，也能終止隨著業和煩惱不由自主的輪迴，這樣的情形，我們稱之為阿羅漢。而這個被稱為阿羅漢的修行者，可以隨心所欲掌控自己的心，隨時隨地讓自己的內心處在和平寧靜的狀態，沒有任何煩惱，我們稱此種狀態為涅槃境界。

在佛教的經典中提到對治煩惱的方法，一種是暫時壓伏，另一種是連根拔起，但只有後者才能徹底解決煩惱。

為能斷除對異同性的貪執，經論提出兩種方法：「白骨觀」與「不淨觀」。

什麼是白骨觀和不淨觀？佛教經典中曾提問，一位比丘化身為美麗的妙齡少女，站在眾多的比丘面前。佛問面對著美麗少女的比丘們，「比丘們，你們到底該要修白骨觀或不淨觀？還是乾脆看清真相，了知眼前的美麗少女並非真實存在，實為比丘變出的幻象呢？」

白骨觀是指不要被自己的眼睛所現而受騙，清楚看見眼前的這一位美女，說穿了只是一副白骨，這種觀修稱為「白骨觀」。

而《入行論》中說，所謂不淨觀，就是仔細去尋找眼前這位美女最吸引人之處，判斷是血？是肉？是骨？是髓？還是包裹這些的皮囊最吸引人？如果身體是乾淨的，為何將最好、最清潔的食物送進體內之後，出來的卻是最臭、令人噁心的糞？喝下去的淨水，從身體出來之後，不都成了巨臭的尿液、鼻涕，或是臭汗？透過這種方式思考，可以暫時壓制對異同性的貪執，卻無法從根本上徹底拔除。

如果眾比丘視眼前少女為真實存在，不管是修白骨觀或是不淨觀，內心仍會生貪念，不斷惦記著少女的美麗。但如果我們清楚了知，眼前的女孩並非是真正的少女，內心便不再起一絲一毫的波瀾與念頭。佛陀透過這樣的例子告訴我們，對治煩惱的最佳方式，就是對真相的確知。

總之，問題的癥結在於：當我們產生煩惱的時候，所見貪瞋的事物是否如同我們所見般真實？如若不然，我們所見的貪瞋事物，豈不就像比丘所變化出的美女一般？

福智法人的創辦人日常法師，生前曾與我的父母一起到達蘭薩拉拜訪，當時我大約十二、三歲左右。有一天，我和常師父兩人閒聊到白骨觀的觀修時，常師父笑著說：「光是觀修白骨觀，倘若不斷除真實執著，觀修久了甚至會區分骨頭的好壞，產生貪執，所以才會有『這副骨頭比較好看』之說。」可見即使是白骨觀，也只是一種治標的方式，無法將貪執斷除。

一切煩惱的通病

凡是令心頻率不能穩定、跌宕起伏，又是自然產生不需經過訓練，而且其影響會令人喪失自信的情緒，都是煩惱。這類煩惱都有個共同特點，就是會捏造出一個未曾有過的「點」，緊緊抓住此點，煩惱才會產生。

譬如說，一旦心中生出「為什麼世界上我最倒楣」這樣的煩惱情緒時，它抓住的點是一個彷彿能夠操控身心的控制者——我。好像在這個世界上，這個「我」最可憐！但事實上，世間從未有過這樣的「我」，因為仔細細分我，不過是身、心、各器官手腳的組合，何曾有一個能夠稱為控制者的我存在？

但為能保留「我」，多數人乾脆無視於身、心與其他部分的存在。這種認為身心次要，而我是最主要的那個「我」，其實是一個從不曾真正存在過的我。所以，當我們看清真相、剖析這個點時，應當自問：「最倒楣的這個我，到底是指我的身最倒楣，還是我的心最倒楣呢？」這樣一來，因為煩惱抓不到可以依附的點，便會瞬間瓦解。

正因為煩惱會依附於一點的特點，所以緣起的宏觀便顯得格外重要。因為每件事物都有好有壞，而煩惱只會從此事物中選擇某個點去抓住，再由非理作意去放大此點，產生貪瞋。所以透過緣起，人可以全面看清事物的好壞，自然減少煩惱。

像是貪愛的時候，愛得死去活來，彷彿可以犧牲性命去愛，但時間久了，慢慢發現對方的種種缺點，便巴不得馬上離婚！恨的時候咬牙切齒，無論旁人怎麼勸說，仍舊激動不已，但時間久了，漸漸發現其實所恨之人也不盡然這麼壞……總之，我們或許能夠從自身例子與遭遇中察覺，強烈貪瞋產生的時候，所見貪瞋的事物並非所見般的真實，誠如比丘化紅顏的事例一般，我們也經常受自己的所見欺騙，產生不需要的煩惱。這也是為什麼無我的認知極為重要。

無我的我，並非是你我他的我，而是梵文的「Ātman」，轉換成中文，應理解為「獨立自主」的意思。

人我執是煩惱的來源之一

佛教四部宗義中，下部毘婆沙部和經部論師都主張煩惱來自於「人我執」，不說「法無我」。尊者常引用一個買手錶的例子說明其派的主張：

當我們去一間販售昂貴手錶的錶店參觀選購時，銷售人員不小心將價值連城的名錶掉在地上，結果錶摔壞了，這時站在一旁的我們只會覺得可惜，但不覺得有什麼好心疼的，因為此時的手錶並不屬於我所擁有。

可是同樣的情況，當我們將手錶買下來，而店員不小心將它摔在地上，我們心中不僅感覺心疼，還非常生氣。

手錶是同一支手錶，店員也是同樣的店員，被摔落在地的過程也沒有變化，但人的內心卻因為錶屬於我們與否，而有了截然不同的反應。

可見煩惱的根本是因為這樣物品被我所擁有，於是內心產生了「是我的」的強烈執著。正在憤怒時，可以趁此反問自己，「這手錶是我身體的，還是我的心的呢？除此之外，哪有我的？」如同用冷水澆開水般，煩惱瞬間抓不到可以依憑的點，便會消失。

上部唯識和中觀的論師認為，不只緣「人」會產生執著，緣非人的「法」也會產生執著。所以不只人無我要了解，也要了解法無我。

就拿先前的例子來說，在店裡看到名錶，在還沒有買下手錶之前，已經產生執著了。上部論師於是認為，執著並不是在買下來之後才會產生。當然，未買前的執著和買下來之後屬於自己的執著相比，確實有大小之分，但並不表示細微的執著就不是執著，而這種執著是緣法的執著，並非是緣人的執著。

因為佛教的四部論師們對於煩惱的根本我執有不同的解釋，煩惱有粗細之分，我想在此就各宗派不同的論述，稍微加以解釋。

毘婆沙部和經部的論師認為，煩惱的本質是來自補特伽羅質體有的我執，「補特伽羅」是由梵文直譯，解釋為生命體。事物分兩種，一個是質體有，一個是施設有。質體有的意思是，想要了解一件物品的時候，不必透過其他事物間接了解，可以直截了當的明白其意思，如身體，無論指手腳的任何部位，都是身體，所以可以直接了解其義。而施設有則必須透過其他的事物去間接了解。舉例說明，當我們看到張三的手，可藉由他的手部特徵，間接認出是張三。因為張三的手並非張三本人，因此透過這種非爾的方式去了知，我們稱張三為施設有。

張三這個人是施設有，但張三的身體色蘊卻是實體有。我們對於你、我、他的認知，都認為你、我、他可以用手指直截了當指認出來，這個稱為「補特伽羅獨立之質體有」的執著，也是中觀應成派說的「粗分人我執」。

緣補特伽羅質體有的我執會產生很多問題，誠如之前所說的身心次要，我是主要的「我」便是這種彷彿不需經過身心便可直接抓到的我。但是沒有任何的補特伽羅是質體有的。一切的補特伽羅都要透過非彼和非爾的第三者去了解，而從無始以來到現在，因為沒有聽過這樣的內容，我們自然而然會去執取質體有的我，捏造放大這個質體有。

無限放大「我」，製造出許多困擾

質體有的我一旦被放大，就會創造出至高無上的感覺，自尊心非常強，很要面子，禁不起別人的傷害。有時候我們會碰到別人當面指責我們，無論對方是好心還是壞意，如果真正指出我們的缺點，其實是給我們改進的機會，我們應該感謝對方。

但事實上，面對這一類的指責，大多數人的反應經常是心生不悅。雖然指責並不會傷害到我們的身體，最多只是挑動內心的情緒，但在聽到指責的當下，多數人的第一反應是覺得受到傷害。這種被傷害的感覺雖然很真實，但其實只是一種幻覺，因為事實上，並沒有一個不經身心可直接被抓住的我，自然也無從談到這種的我受傷了。

毘婆沙宗和經部的論師們主張，從無始以來，我們自己捏造出來的我才是煩惱的根源。這個我執特別是在情緒低落的時候會一直浮現。

我的老師曾經做過一個比喻，當人站在懸崖邊往下看，感覺「我就要掉下去啦」，但其實掉下去的是「我的身體」。可是人們不會覺得是身體要掉下去，而是感覺我掉下去。這種感覺本身就是錯誤的執著，因為撇開身和心，世界上根本找不出一個真正的我的存在，我之所以存在，僅僅是藉由身和心施設出來而有的。

一個人必須有了手臂、手肘、手指等等，才能稱得上有一隻手；如果一個人的某隻手被拆解成手指、手背、手肘等幾個部分，這個人的手實際上是不存在的。

同樣的道理，一張桌子雖然名義上是一張桌子，但桌子被拆解成桌面、抽屜、桌腳之後，就沒有一張真實的桌子存在了。桌子的存在是經由非爾的第三者定義而稱為桌子。同樣的道理，「我在寫字」其實是「我的手在寫字」；「我聽到有人唱歌」其實是「我的耳朵聽到有人唱歌」。因為有了這些身心的作用和行為間接去施設出，所以當我在做某件事情時，事實上並沒有一個不經身心可直接被抓住的我。

但是人們會自然放大自我，特別是當人情緒低落的時候、遇到不順心的事情時，更容易將我無限放大，例如委屈的時候常常說「我怎麼這麼衰」，仔細想想，這話中的我豈不正是不經身心可直接抓住的我嗎？因為我們不可能想「我的身心怎麼這麼衰」吧。

所以，我們要認清無我的實相，內心才不會在遇到不如意的時候就憤憤不平。

即使是夢中所見的大象，也是業與習氣造成

如前已述，唯識派及中觀派的論師們認為，在不知真相的情況下，不只緣人會產生執著，緣法也會產生執著，故說「法無我」。唯識派的法我是什麼

呢？就是「外境有」，又稱「二取有」。如果認為，先有外在的瓶子才會有執瓶眼識的話，這種執著便是法我執，也是外境有的執著。瓶子是（該眼識）所取的境，眼識為能取，在所取的瓶子及能取的眼識之間若存在著距離，就是二取有的執著，也是法我執，與外境有的執著相同。

唯識派認為外境是不存在的，他們主張瓶子只是執瓶眼識所見的瓶相而已。就像眼識所見的瓶相與瓶識之間無有距離般，瓶子與瓶識之間也不應有距離；就像遠離瓶識絕無瓶識所見的瓶相般，遠離瓶識時絕無非瓶識以外的瓶子。每一件事情的存在，都是因為過去的習氣成熟之後，才會被人所看到。有一部分的習氣轉為境，另有一部分的習氣轉為識。我們要看一個瓶子，是由於過去的習氣使然。而瓶子可以裝水這個功能也是因為業的習氣成熟之後，一部分轉為瓶子盛水的能力，另一部分變成了看到瓶子盛水的眼識。

唯識派論師以做夢為例：人在夢中見到了大象，但事實上並沒有一頭遠離夢識以外的大象。人之所以會在夢中看到大象，是因為業和習氣所產生。延伸下去可以說，我們能夠投生在人道，是因為過去的善業種子成熟，且還要在這個業尚未衰退的情況下，隨著業的能力發揮使然，眼睛才能看到人們共業所能見的山河大地。但又因為個人的別業不同，在共業之間，還有不共的看法，就好比有人喜歡花卉，而我對花卉沒有太大的感覺，反而喜歡樹一樣，個人的喜好就屬於別業的表現。

而人死後，無論是共業或別業，都會隨業力的消失而衰退。如果後世投生到餓鬼道，會隨著投生鬼道的業，而看到投生境的現起。據說在餓鬼道裡看見太陽會感覺寒冷，看到月亮卻感覺溫暖，餓鬼見到水的時候，眼裡所見的是血和膿……餓鬼道所見、所感受的一切，都是由業力所現。

由此可知，我們現在所看到的一切，都是經由我們過去世所做的業所產生的事物，而這些景物事實上都非心識以外的事物。我們稱這種現象為「無外境」，故有「三界為心造」之說。這種觀點可以大大減少對於人和法的執著。

遺憾的是，當我們研讀唯識宗的時候，大多都看到他們排斥外境執著，但對如何減少緣識的執著，這方面的內容卻很少提到。

沒有可依憑的點就沒有執著

與前者相比，中觀師的見解又更上一層樓。中觀師主張，任何一法有真實的說法成立的話，那所有的法都有真實；如果任何一法無真實，那所有的法都無真實。無論是外在的境，或內在的心，都應該採一致的標準來討論。

很多人誤以為佛法當中所說的無我，是要我們成為一個無私的人，但這是兩個完全不同的概念，我們應該要依據各宗派對於無我的解釋，再對我去下定義。

中觀派又分兩派，一派認為名言上有自相，另一派認為名言上無自相。名言有與存在同義，自相是「以自己的力量形成自己的行相」的縮寫，自性是「以自己的力量形成自己的作用及體性」的縮寫，「名言上有自相」與「自相可被成立」同義。

簡單來說，就是有一派的中觀師認為自相是存在的，而另一派認為自相是不存在的。認為自相存在的這一派認為，諸法無有真實但有自相，當眼識去看世間萬物時，這些事物以它們自己的力量呈現出它們的外型和作用，讓我們看見，這是「有」的基本準繩。這一點不能破，一旦自相被正理破除了的話，證實有的理由就什麼都不剩了。

但如果超過這一點，任何東西都得破。這一派論師認為，所有的存在，一半來自於境的力量，而另外一半來自於意識的施設。如果我們認為一切的性質和作用全都來自境上而有（事物的作用完全來自於事物〔境〕的本身），那就屬於真實，如果視為真實，必須要破。

舉例來說，當走在一個上坡的道路，如果我們認為上坡的作用力完全來自於境上而生——上坡的作用來自上坡本身，與心識如何施設無關——這就錯了。當由下往上爬時，心識施設或設定此路是上坡，加上路本身是斜坡，所以心識的施設及境上各佔了一半的作用力，這才符合實際的情況，不是顛倒認知。

中觀派論師這一派認為，事物的作用一半來自意識如何施設，一半來自境本身，這才是實際情況。但當我們的內心產生貪和瞋的時候，都會認定這是境本身的問題，與心識如何施設無關，從而發起大好或大壞的情緒。這是非常錯誤的反應，因為並沒有一個真實的境存在。大教典中也曾提到，「所斷真實不被根識所見。」

認為名言上不存在自相的中觀師認為，先別說百分之五十的作用來自境上，即便是百分之一的作用從境上呈現其性質和作用，都是不被允許的，所以從境上沒有任何存在的作用或性質，故稱為「沒有自性」、「沒有自相」，並非由自己的力量呈現出自己的性相。

認為名言上有自相的學者們反駁：如果你認為一切的存在都是透過意識施設，與境上毫無關聯，難道我們想什麼就會變成什麼嗎？如果我們把瓶子想為柱子，瓶子會變柱子嗎？事實上，瓶子並不會變成柱子，那麼瓶子和柱子都要有自己本身的自性才對。

應成派❶又反駁說：請抓住「瓶子本身擁有瓶子的性質」、「柱子本身擁有柱子的性質」的感受，好好抓住這點，因為這就是要破除的自性。

❶應成派，梵文Prāsaṅgika，是中觀派的支派之一，主張不存在自性、自相。

此時你的內心深處如有一種執取「瓶子的性質是從瓶子本身而有」的概念。請問瓶子的性質是否是緣起？如果其性質是緣起，就必須依賴其他因緣而有，既然依賴他力而有，自然不能由自己的力量形成屬於瓶子的性質。如果瓶子的性質是由自己的力量產生，那就與龍樹菩薩「諸法皆緣起」的理論相違背。

這樣一來，事物上沒有任何的性質及作用可從境上而有，一切都是在名識施設當中存在。縱使是名識施設、抽象化的存在，也能坦然安立一切性質作用。這就是性空現緣起，緣起現性空之義。

長期串習其義，可知一切自性執著所依憑的點都不存在，如此一來就不會產生任何粗細煩惱。

透過這樣粗分、細分我執及無我的介紹之後，再搭配自己的經驗，檢視煩惱生起的時候，煩惱是否會抓住實體有或自性的點。如果您對此內容有所感觸，而且您的空性思維能夠減少煩惱的話，恭喜，因為您已經找到對治一切煩惱的不二法門。如果此時的空正見還能搭配菩提心一併觀修，便是般若波羅蜜多❷，三世諸佛皆依此門獲得阿耨多羅三藐三菩提，即便佛陀在世，所說深法莫過於此。

❷由自然任運、無造作的菩提心所攝一切善德皆是波羅蜜多，像是由其心所攝的布施並非一般布施，而是布施波羅蜜；般若指的是空正見。這兩者的結合便是般若波羅蜜多，即是三世諸佛唯一能夠成就正覺果位的唯一大道。

第十七品　從凡夫地到佛地的修行地圖

最近最流行的，莫過於ＶＲ虛擬實境了！據說在好的ＶＲ設備底下觀看電影，感覺彷彿真的置身在電影院當中一樣。但如果以後ＶＲ設備能做得越來越好，看電影時如同置身影片之中一般，那麼觀眾該用什麼樣的心情去看電影？是把電影情節當成假的來看？還是當成真實的情境去看？這兩者之間有很大的差別。

有些很投入電影或電視劇情的觀眾，即使告訴對方，影片裡的角色都是由演員去扮演的，而非真實存在，無論劇情如何，都不應該影響自己的心情，但事實上觀眾們還是會被劇情影響，聽到一句台詞有趣就大笑，而當劇情急轉直下，也有人隨之流淚或憤怒傷心。

不為虛實所左右，不鑽牛角尖

中觀派論師對於這種「以虛當實」的現象，會說：我們看任何東西的時候都是好壞並存，但這些好或壞的東西，並非如眼睛所見那般真實存在，人看一件事情的好壞是從境上而來，從不覺得事物的好壞與名識的施設有關，或是其好壞僅屬抽象化存在。在電影或電視裡面，扮演將軍的人物其實只是演員，這個角色並不是真實存在的。同理，在現實生活中，所見的事物並非真實存在的，只能名識施設、抽象化存在，才會產生作用；若不被抽象化的存在感到滿足，想要跨越這個界限尋找境上的性質，將不能成立一切。

因為緣起的關係，任何性質和作用必須完全依賴他者，絕非以自力而有。存在形式只有兩種：一、實體化；二、抽象化。既然沒有絲毫的存在來自事物己力，一切作用僅能於抽象化中存在。如果反覆提醒自己這個道理——所見事物雖似實體化的方式呈現，但其存在只能於抽象化中合理，所見與真相互相矛盾之理——深知一切現象皆是虛幻（因為所見與真相不符），我們就不會因為悅意境產生非理作意，從而生貪，或因不悅意境產生非理作意，從而生瞋。之所以非理作意會增添事物的悅意或不悅意的程度，其基礎就是必須抓住一個可被執著的真實、實體存在的點。像是我們的七情六欲會隨著電影的情節而起舞，是因為真實投入於電影之中，如果我們保持清醒的認知，反覆提醒這些都是假的，自然不會隨電影的內容喜怒哀樂。

又像比丘以神通變成美少女，但實際上比丘非美少女。如果能認清這一點，內心就不會產生煩惱。我們眼睛所見的一切都是自性有，當執取美麗事物為自性有時，這是細微的貪；而執取不悅意境為自性有時，便是細微的瞋，而粗分的煩惱都是由這些細微煩惱所生。

如果一切作用都不是實體存在的，那麼這些作用怎麼能夠從抽象化中產生呢？否定自相的中觀論師認為，今天、明天的作用只能在抽象中存在。譬如說，你在某日下午三點與朋友約好了見面，一開口就說「今天見到你真是開心」，但事實上，下午三點只是一天二十四小時中的一部分，你沒有和這位朋友二十四小時在一起，卻會用「今天」這樣一整天的概括詞來泛指這一次會面。所以「今天見到你」的作用並非實體、從境上有，卻能因為世間共許、名識施設、抽象化中坦然安立。

如果我們鑽牛角尖，不斷去想：「為什麼會說今天見面？現在明明才三點鐘，怎麼能泛指一整天？」這樣不斷鑽牛角尖下去，那世界上沒有任何一個性質和作用可以被成立。

相反的，如果我們不鑽牛角尖，不去執著並試著接受世間共許、抽象化而有、名識施設而有的概念，所有的作用和性質都可以坦然被接受安立。

龍樹菩薩也以走路為例，做出相對類似的概念：「正在走路」的作用也非從境上有，自性而有。相反的，只能抽象化中坦然安立，為什麼呢？走路時，一腳先邁出而另一腳在後，這樣是「正在走路」的姿勢。但兩腳間畫一條線，這條線又分前端和後端。如果我們說，已跨出的那隻腳是過去式，未跨出的腳是未來式，那麼請問，哪一條路才是你正在走的路？

以龍樹菩薩的究竟意趣而言，這種無自性的正見才是唯一的解脫之道。除此以外，即便做了再多的善事，累積再多的福報，因為源於自性執著，彼等皆是輪迴之因。如宗喀巴大師在《廣論》中提到，除非有特殊狀況，否則在自性執著下所造的所有業，包括善業在內，都會變成輪迴之因，輪迴之因是從無明自性執著而來的。

對中觀自續派來說，人我是指補特伽羅質體有，法我執的「法我」指的是真實有；自續派中的人我與法我有粗細之分，但應成派卻認為人無我與法無我無粗細之別，除了空性所依的有法具有差別外，所要證悟的空性是無粗細之別。

透過空性展開的修行之路

有些人誤以為開悟就能立刻證阿羅漢果位，但開悟只是證悟空性，了解諸法如何存在的究竟性——原來只是抽象的存在，非自性而有。光是開悟的力量，何以去對治無始以來的自性執著？更談不到連根拔除了。就像光是知道電影的內容是虛構的，但不去反覆提醒自己，保持清醒，會很容易被電影所牽引。

雖說要聽聞空性需要有極大的福報資糧才有機會，但聽聞之後能否修習空性，更需聚集更大的福報和資糧，因為空性能動搖無始以來輪迴的根本。學習空性才是成辦空正見的主因。

有人說：「先不要學什麼空性，那只會讓自己傲慢自大，應先好好累積資糧福報，調伏粗分煩惱，再來學習空性。」此論實為謬言。如果學習空性會自大，那是因為學得不精，並非空性的學習之錯。農夫應先考慮如何取得良好品質的種子，再來考慮使用什麼樣的肥料才對。福報資糧只是成辦空正見的助緣，反覆聽聞、思維空性才是空正見的主因啊，切勿捨本逐末！

《四百論》說：「若於佛所說，深事以生疑，應以無相空，而生決定信。」上根者會在皈依之前，依空性之正見，解除佛說深奧內容之疑惑，再生決定信。此文中並沒說要先累積福報，而說要先以慧思維空性。上根、下根也是隨著因緣而變，早早知道上根的學佛方式，盡力以慧學佛，自己的根器早晚會成為上根，毋庸置疑。更何況佛一開始轉法輪時說了四諦、二諦的內容，並非叫我們直接去累積福報資糧啊！現在普遍的知識水準都已提升，比起舊社會，上根學佛的方式更適合資訊爆發的今日。誠如根本上師所說：「如果以上根者的方式持續佛教法脈，只要有知識份子存在，必定能有相應佛教的學者，佛教必定能夠繼續留存。如果以下根者——忽略智慧、以信仰為主——的方式持續佛教法脈的話，佛教能留存多久，真的很難說！」

總之，首先應聞四部宗義之差異，產生對無有自性的疑惑，再透過理由反覆思維，產生伺察識。

疑惑又分「不合義疑」、「等分疑」和「合義疑」三種，不合義疑是：在自性有及無自性兩者之間，產生「應該是有自性」的疑問；等分疑則是：在自性有及無自性兩者之間，產生「兩者都有可能」的疑問；合義疑則是：在自性有及無自性兩者之間，產生「應該是無自性」的疑問。

之後是伺察識，即是透過長時間的伺察後，產生「只能是無有自性」的想法。

透過上述各種階段，產生定論後稱為「比量」，這就是所謂開悟證空的階段。但此時煩惱並沒有斷除，只是知道究竟的真相而已，獲得證空比量有助於減少煩惱，但還無法將煩惱連根拔除。畢竟無始以來，對於無明的串習太過強烈，所以，想斷除煩惱，必須透過非常長時間對空正見的串習，並搭配止觀雙運，才能達到目的。

佛陀因此提醒菩薩在布施或供佛、拜佛時，都要想起空性，後而行之。若不這麼做，很容易又產生俱生我執。

一開始證空比量是透過空性的義總而證得空性，意思是說看瓶子有兩種方法，一為兩眼直視（以現識而證），另一則為閉上眼睛去看瓶子（以分別心而證），也就是透過類似瓶子的影像（又稱瓶子的義總）間接去看。所以證空比量是藉由空性的義總，間接了解空性，有點類似透過瓶子的影像去看瓶子。

雖由比量證空，仍會產生二相，即是彼空性為境、此證空量為識的「所取」及「能取」的二相，或是「所見」及「能見」的兩種看法，為了除去這種義總，必須藉由長時間的禪定觀修，透過緣空的奢摩他和毘婆舍那淡化其二相，令其消滅，現證空性。

之前我們有說過，奢摩他和毘婆舍那是身心輕安後的定慧，現在則是由緣空的力量產生身心輕安的慧，我們稱為「緣空的毘婆舍那」。修行者獲得緣空的止觀雙運的同時，就會獲得加行道。在此之前則屬於資糧道。

加行道又分為暖、頂、忍、世第一法四個位階。在加行道緣空的四個階段中，仍未遠離空性的義總。這個義總會慢慢不斷的稀釋，直到完全被稀釋之後成為現證空性，又稱「證空現量」。到了這個階段的開悟，還只能稱為「聖者」，並不能稱為阿羅漢，只是剛從凡夫地出發到彼岸的聖者。這個時候因為已現證空性，不會再新造輪迴業，而出定之後看一切的事物如同幻影，這時稱「後得道」。

在後得道時，仍須不斷累積資糧，才能讓下次的證空現量擁有更強大的能力，斷除更細微的煩惱，否則會像臂力不足卻持有鋒利的斧頭，是無法砍去更堅硬的樹根，即便入定證空現量的時間再久，若缺福報資糧，仍是無法斷除更深層的煩惱。

從凡夫到阿羅漢的路程

一開始現證空性的時候，我們稱為「見道」，因為這是第一次以現量見到空性，他不會有「空性被我見到」或「我見到空性」的覺受。有一些大師在出定的時候，根據自己的感覺描述，說現證空性的時候是沒有意識的，而有些人則說現證空性時是不可言喻、無法形容的。這並不是說空性不能被形容，而是當下的感覺難以描述，如同我們喝可口可樂時，很難用文字形容第一口的感覺，除非親身體驗之後，才能知道箇中滋味。

這個現證空性的補特伽羅，我們稱為「聖者」，也稱為「僧寶」。現證空性的智慧就是法寶裡面的道諦，由證空現量對治見道所斷煩惱，由此獲得滅功德時，便是法寶裡面的滅諦，所以法寶具有道諦和滅諦二種功德。我們稱具有此道滅二諦的補特伽羅為僧寶，三寶之所以能夠形成，都是因為法寶的緣故。

煩惱分兩大類，分別是「見道所斷的煩惱」和「修道所斷的煩惱」兩種。見道所斷的煩惱主要是遍計煩惱——因他人影響而產生的煩惱，這種煩惱在見道位的時候就會徹底被斷除；俱生煩惱則是在修道時被斷除。俱生煩惱分上中下三品，當中又再細分為上中下三品，一共是九品煩惱。

俱生煩惱，因為細微難斷，所以需要有足夠的資糧才能做到，修行者出定之後再度累積資糧後入定，現證空性後斷除更細微的煩惱，以這樣的方式反覆修行，直到九品煩惱都被斷除為止。

最細微的煩惱以及煩惱的種子會在入定中斷除，斷除的第二剎那就成為阿羅漢，這時候煩惱再也不會生起，這就是從凡夫到阿羅漢的過程。

菩薩們從凡夫地到佛地的過程中，會先生起自然任運的菩提心，也就是只要遇到境界，不需要經過思考就能生起菩提心，而且屢試不爽時就進入大乘資糧道，大乘資糧道由下品一路晉升到上品，主要是靠空正見在這當中累積廣大的資糧。而緣空的奢摩他必須在資糧道的時候獲得，當我們獲得緣空的毘婆舍那，這時候就進入了大乘加行道，在菩提心攝持的情況下獲得了現證空性的智慧，這時候就是大乘的見道位，也就是初地菩薩，斷除了大乘見道的所斷煩惱，後以證空現量開始斷除修道所斷煩惱，此時獲得大乘修道位。

在七地之前，主要以斷除煩惱為主要修習的目標；八到十地，我們稱為「清淨三地」，這時候的煩惱障和煩惱的種子都已經完全斷除，只剩所知障要去斷除。

再以第十地末的最終證空現量，斷除最細微的所知障，之後的一剎那，便獲得一切遍智、證得佛果位，這就是從凡夫地的佛地的完整地圖。即是《心經》所說的咒語：揭諦（資糧道）、揭諦（加行道）、波羅揭諦（見道）、波羅僧揭諦（修道）、菩提薩婆訶（無學道或正覺佛果位）。

了解空性、減少煩惱，用無我對治我執

有些人認為，因為一切都是空性的緣故，既然好壞都是自性空，我們不會產生貪瞋，也不會產生善心。有些善心的確來自真實執著，因此佛陀在《般若經》當中提到，供佛的時候不要視佛為自性有。由這一點可知，善心分兩類，一種善心和真實執著相應，這種善心就成了輪迴的因緣；但另外一種不與真實執著相應的善心，就是要靠理由與幻化的認識去產生的善心。

透過理由而發起的愛心與悲心，不需要藉由抓住一個真實的點而產生，但很多自然反應的情緒，多半是因為抓住了一個點而生出反應。就拿喜歡來說吧！喜歡一個人，靠的就是抓住這一個自以為真實但其實並不存在的點而產生感覺，更進一步研究這種喜歡，卻發現找不到一個真實喜歡對方的點。仔細分析研究我們喜歡的對象，到底是喜歡對方的哪裡？眼睛？皮膚？還是個性？

如果喜歡眼睛，當把眼睛挖出來時，我們還會喜歡那個人嗎？如果喜歡皮膚，那把皮膚割下來，我們對此人還會有喜歡的感覺嗎？

仔細想想很清楚，但當貪心來的時候，就會讓我們被這一些虛幻的事情蒙蔽。

就像是對於異性或同性產生極大貪欲的時候，心中會生出「我就是要他（她）」的強烈渴望，即使明知道對方的外表不是最好的，也知道對方的思想不是最好的，但就是愛這個人，無論如何都想要抓住對方。

抓住那個好像不需要經過身心而有的「他」，且不停放大「他」，導致人在沒有得到之前，寢食難安、坐立不安，這就是貪心的作用。其實我們根本不需要被這種煩惱所虛構出來的假象所騙，因為實際上並沒有一個他存在。但是愛心產生的時候不一樣，尤其是愛他心的生起。

無論貪心或愛他心，都是從幻化中生起，即使是我最討厭的仇敵，也是透過身心所施設而有的一個抽象化的存在。可是抽象化的存在並非不存在，它還是存在的，也有抽象化的作用。但因為這些作用都在抽象化中存在，所以離苦得樂、因果絲毫不爽，這一切也都是在抽象化中存在，而為了離苦得樂，更有理由必須去愛他。

愛他心跟貪心這兩種強烈的情緒，不只背後訓練的背景不同，一個來自於自然產生，一個來自於長時間訓練而生，且內心底蘊不同。一個是「我真的覺得自己做了有意義的事情」，而另外一個則是單純的「我想要」、「我要他」的念頭，除此以外，內心是空洞的。

如果我們對空性有相當的了解，對於真實的執取就會減低，煩惱就沒有產生的基礎。

煩惱需要真實的點做為依憑才能產生，但善心不用，善心只需要單純透過理智去分析、知道離苦得樂是所有眾生的需求，因著這個原因，進而產生想幫助眾生的愛他心與責任感。對空正見的認知會對業果更加深信不疑，減少煩惱的同時，善心也會增長。

如果想知道自己所學的空正見是否正確，首先當煩惱產生的時候，我們就將自己所學空正見的知識善加利用，若能在減少煩惱的同時讓愛心增長，又能對業果與佛法產生信心，那就代表所學是正確的。

人在這世界上，就是因為缺少對空性正見的認知，所以常常需要找一個點來發洩我們內心的不滿。當煩惱來時，我們總會覺得有一個真實點讓自己不開心，但事實上這個點根本就不存在。如果能夠反覆的思維空性，提醒自己不管面對任何境，這些境都是無有自性的，慢慢的，煩惱就會減少。

如同我的根本上師達賴喇嘛尊者每天反覆思維空性，長時間下來，欲界的煩惱幾乎不會產生。他曾提到自身的經驗，說如果透過思維空性讓煩惱減少到不會現起，那解脫之日指日可待。

但空性的學習端賴自身願不願意去修持，因為一切的煩惱來自我執，對治我執最好的方式是無我的見地，無我的見解，最深奧的是緣起性空。

結語

人都渴望快樂，想要快樂是學佛最主要的原因，只追求離苦得樂是不夠的，更要了解苦因與樂因。佛法裡面說到因果不爽，再加上因為被業和煩惱牽絆，使得人不由自主的輪轉到後世……但只有這三個原因還不足以使我們學佛，針對這三個理由，外道也有相同的理論，可是外道唯一沒有提到的是無我的見解，所以十六字箴言完整詮釋了我們學佛的理由。

對於非佛教徒來說，這是一本可以幫助他們了解學佛理由的介紹書；對於學佛的入門者，希望透過這本書讓大家了解學佛的目標，是為了要求解脫，而不是感應神通。

這一本書也寫明了從凡夫地到佛地的約略介紹，讓邁向解脫之路的修行者們，有了方向和地圖，更重要的是，做為佛教徒，必須了解到自己為什麼是佛教徒。

最後希望能將這一本書的功德迴向給所有讀者，願所有讀者能遠離痛苦的苦因，具足一切成辦、快樂的樂因，早日證得無上菩提，更願撰寫此書的功德不為自己所擁有，迴向給遍虛空一切有情，如同《入行論》所說：「乃至有虛空，以及眾生住，願吾住世間，盡除眾生苦。」

附録

三寶偈

蔣揚仁欽

頂禮三寶及三心。為易觀修三心要，我以七言絕句偈，願益諸眾每日習。

空正見

凡夫所見諸境性，皆由自力成己性，有如善業感善報，惡因感得惡報應。
然諸作用抽象起，若不因此而滿足，尋找境上實性時，性質作用皆消去，
火之炙性水濕性，乃緣起故非實性，單一元素非炙濕，有如此年、此月議。
諸識所設皆非立，然有僅依識設成，此乃中觀最難義，反覆思此最為宜。
有相遠離常邊時，不僅依空能滅無，更將名言安然立，此時幻中不取惡，
卻勤幻善因幻利。經說比丘化紅顏，彼執難以骨觀斷，卻知非女斷除易。
諸惑緊握實執處，方才產生經驗知。又如「誰該負責」論，此與緣起見遠離。

出離心

此故我應被憐憫，真諦雖在卻未知，雖欲離苦反遭愚，被無明轉卻自喜。
生老病死瀑流激，業繩緊縛鐵網繫，復被法執闇敝時，竟呼水門立開啟。
惑根遠離諦實據，久習成易堅習力，以及識續無止盡，解脫定有我歡喜！

菩提心

無始輪迴生復生，諸生對我眾恩在；心懷感恩不念仇，我應積極求樂因。
從此我見湖中魚，或見醜衰窮酸相，即憶汝曾我子時，毛髮肅起心暖兮！
相遇窮衰陌生人，或見湖魚能增福，從此我知修悲愛，直接獲利實屬己！
諸情幻化我亦幻，故我如何較他尊？如夢馬象尊卑競，故我為尊不合理。
「我不為己誰為己？」莫隨此愚自私心！無始迄今雖為己，仍負眾苦庸夫矣。
「為己故應利眾生。」請學菩薩自私心！此心令我斷諸害，永思利他成佛疾。
「我苦由我承受故，愛我應以我為主！」幼我雖非耆老我，為後安樂幼勤習。
「幼我老我同一人，此故只應愛我矣！」此令我心極狹窄，所思僅剩唯我利，此念生誑常詆他，不堪眾苦常抱怨，若縱此想不制止，殺害盜淫怎不行？
反觀若能常思他，至心願受眾生苦，如此雄心浩瀚力，己苦再繁怎害己？
「有仇不報非君子。」真敵乃是他續惑，同我敵亦隨惑轉，應屬憐憫對象也！
「厭惡鄰居不愛我，何須熱臉貼冷屁？」某不愛我故不愛，我極愛錢不應理。
「厭惡仇人欲害我！」忍辱不能從彌陀，或從愛我之親眷，因欲害我故稱敵，
此乃唯一忍辱緣，乃助我心增上緣，又如錢財滿我願，令我成就究竟利。
反之真正害我者，卻是此念極狡猾，外敵只害今世我，此敵令我墮地獄！
現在正說此念壞，此念卻於我耳旁：「蔣揚仁欽善巧說，才能受到眾人喜！」
嗚呼蔣揚實可悲，被彼玩耍指掌間，仍卻願當忠心奴，供奉此念真皈依。
我較他尊乃粗我，我他相同乃細執；聲聞獨覺雖滅惑，然因後執佛果離。
此故我以一切力，遠離愛我粗細念，真愛非己之他人，方能消滅無始敵。
險有至尊仇敵在，方能成辦難修忍；險有至尊他人在，方能生起愛他心。
為能斷除此壞念，我今勤修自他換，愛己之心轉至他，排擠他心轉至己。
故我觀敵於眼前，三世己善盡歸他；比爾蓋茲觀於前，分文不剩盡歸彼，

此觀令彼心絞痛，撕心裂肺苦不堪，無始迄今第一次，嘻嘻我心真歡喜！
內心感觸發起時，持續此受令心止，至此感受變弱時，再以觀力覺受現。
觀慈心已將自苦，轉移他人思他苦，發責任感大悲後，成佛僅為利有情！
善心自然任運前，以一切力盡觀修。布施等從自然喜，故善莫由強迫心！
願己三世一切德，皆不被己所擁有，徹底迴向諸有情，令彼早日成菩提！

我今撰寫此偈文，雖是此文第一版，又恐別日添它義，於此先做此說明。

二〇一五年五月二十五日於北印度達蘭薩拉

寫下〈三寶偈〉最主要的原因，是因為太多人透過我的社交網站詢問該如何有系統的觀修「菩提心」及「空正見」。由此因緣，我於是整理了自己平日如何觀修的方式，並以偈頌文的方式書寫出來。因為每偈的尾音皆以「一」、

「于」收尾，具有音韻感，便於有緣大眾及自己背誦。

在精進使用上，我自己每天都會誦念此文，邊念的同時邊思考內容。如果白天忙碌，沒有時間，則晚上睡前一定會誦念。透過誦念與思考的方式訓練自心。這是一個長久的功課，必須持之以恆，可能短期不見效，但時間久了，對自心提升的幫助相當大，雖然是個人學習的方法，但若有益於修習，很樂於提供給大家做為參考。

國家圖書館出版品預行編目資料

為什麼學佛？蔣揚仁欽帶你認識佛法的十七堂智慧課／蔣揚仁欽著.
-- 初版. -- 臺北市：商周, 城邦文化出版：家庭傳媒城邦分公司發行,
民107.03
面：　公分. --（人與宗教; 50）
ISBN 978-986-477-380-0（平裝）
1. 佛教　2.佛教教化法　3.問題集
220.22　　106023670

為什麼學佛？
蔣揚仁欽帶你認識佛法的十七堂智慧課

作　　者／蔣揚仁欽
文稿整理／曾瀞瑤、陳名珉
企畫選書／林宏濤、陳玳妮
責任編輯／陳名珉、楊如玉、林宏濤

版　　權／黃淑敏、翁靜如
行銷業務／莊英傑、黃崇華、周佑潔、周丹蘋
總 編 輯／楊如玉
總 經 理／彭之琬
事業群總經理／黃淑貞
發 行 人／何飛鵬
法律顧問／元禾法律事務所　王子文律師
出　　版／商周出版
城邦文化事業股份有限公司
台北市民生東路二段 141 號 9 樓
電話：(02) 25007008　傳真：(02) 25007759
E-mail：bwp.service@cite.com.tw
發　　行／英屬蓋曼群島商家庭傳媒股份有限公司城邦分公司
台北市民生東路二段 141 號 2 樓
書虫客服服務專線：(02) 25007718、(02) 25007719
24 小時傳真專線：(02) 25001990、(02) 25001991
服務時間：週一至週五上午09:30-12:00；下午13:30-17:00
劃撥帳號：19863813；戶名：書虫股份有限公司
讀者服務信箱：service@readingclub.com.tw
城邦讀書花園：www.cite.com.tw
香港發行所／城邦（香港）出版集團有限公司
香港灣仔駱克道193號東超商業中心1樓
E-mail：hkcite@biznetvigator.com
電話：(852) 25086231　傳真：(852) 25789337
馬新發行所／城邦（馬新）出版集團【Cité (M) Sdn. Bhd.】
41, Jalan Radin Anum, Bandar Baru Sri Petaling,
57000 Kuala Lumpur, Malaysia.
電話：(603) 90578822　傳真：(603) 90576622
E-mail：cite@cite.com.my

封面設計／李東記
排　　版／新鑫電腦排版工作室、鍾鍾
印　　刷／高典印刷事業有限公司
經 銷 商／聯合發行股份有限公司
電話：(02) 29178022　傳真：(02) 29110053
地址：新北市231新店區寶橋路235巷6弄6號2樓

■ 2018年（民107）3月8日初版
■ 2024年（民113）4月9日二版3刷

定價／360 元

Printed in Taiwan
城邦讀書花園
www.cite.com.tw

 ISBN　978-986-477-380-0

商周出版

廣	告	回	函
北區郵政管理登記證			
台北廣字第000791號			
郵資已付，免貼郵票			

104台北市民生東路二段141號2樓
英屬蓋曼群島商家庭傳媒股份有限公司　城邦分公司

請沿虛線對摺，謝謝！

商周出版

書號：BR0050X　**書名：**為什麼學佛？　**編碼：**

請於此處用膠水黏貼

商周出版

讀者回函卡

感謝您購買我們出版的書籍！請費心填寫此回函卡，我們將不定期寄上城邦集團最新的出版訊息。

不定期好禮相贈！
立即加入：商周出版
Facebook 粉絲團

姓名：＿＿＿＿＿＿＿＿＿＿＿＿＿＿ 性別：□男 □女

生日：西元＿＿＿＿＿＿年＿＿＿＿＿＿月＿＿＿＿＿＿日

地址：＿＿＿＿＿＿＿＿＿＿＿＿＿＿＿＿＿＿＿＿

聯絡電話：＿＿＿＿＿＿＿＿＿＿ 傳真：＿＿＿＿＿＿＿＿＿＿

E-mail ：

學歷：□ 1. 小學 □ 2. 國中 □ 3. 高中 □ 4. 大學 □ 5. 研究所以上

職業：□ 1. 學生 □ 2. 軍公教 □ 3. 服務 □ 4. 金融 □ 5. 製造 □ 6. 資訊
□ 7. 傳播 □ 8. 自由業 □ 9. 農漁牧 □ 10. 家管 □ 11. 退休
□ 12. 其他＿＿＿＿＿＿＿＿＿＿

您從何種方式得知本書消息？

□ 1. 書店 □ 2. 網路 □ 3. 報紙 □ 4. 雜誌 □ 5. 廣播 □ 6. 電視
□ 7. 親友推薦 □ 8. 其他＿＿＿＿＿＿＿＿＿＿

您通常以何種方式購書？

□ 1. 書店 □ 2. 網路 □ 3. 傳真訂購 □ 4. 郵局劃撥 □ 5. 其他＿＿＿

您喜歡閱讀那些類別的書籍？

□ 1. 財經商業 □ 2. 自然科學 □ 3. 歷史 □ 4. 法律 □ 5. 文學
□ 6. 休閒旅遊 □ 7. 小說 □ 8. 人物傳記 □ 9. 生活、勵志 □ 10. 其他

對我們的建議：＿＿＿＿＿＿＿＿＿＿＿＿＿＿＿＿＿＿＿＿

請於此處用膠水黏貼